Goethe | Faust. Der Tragödie Erster Teil

Lektüreschlüssel XL

für Schülerinnen und Schüler

Johann Wolfgang Goethe

Faust

Der Tragödie Erster Teil

Von Mario Leis

Reclam

Dieser Lektüreschlüssel bezieht sich auf folgende Textausgabe:
Johann Wolfgang Goethe, *Faust. Der Tragödie Erster Teil*, Stuttgart:
Reclam, 2014 [u. ö.] (Reclam XL. Text und Kontext, Nr. 19152.)
Diese Ausgabe des Werktextes ist seiten- und zeilengleich mit der
in Reclams Universal-Bibliothek Nr. 1.

E-Book-Ausgaben finden Sie auf unserer Website
unter www.reclam.de/e-book

Lektüreschlüssel XL | Nr. 15457
2017 Philipp Reclam jun. GmbH & Co. KG,
Siemensstraße 32, 71254 Ditzingen
Druck und Bindung: Kösel GmbH & Co. KG,
Am Buchweg 1, 87452 Altusried-Krugzell
Printed in Germany 2019
RECLAM ist eine eingetragene Marke
der Philipp Reclam jun. GmbH & Co. KG, Stuttgart
ISBN 978-3-15-015457-1

Auch als E-Book erhältlich

www.reclam.de

Inhalt

Inhalt

1. Schnelleinstieg

Autor	Johann Wolfgang Goethe (1749–1832), Studium der Rechtswissenschaft, Minister in Weimar im Dienst von Herzog Karl August, Leiter des Hoftheaters in Weimar, Dichter und Naturforscher
Entstehungszeit und Uraufführung	• ca. 1772 – 1806 (mit Unterbrechungen) • 1808 Drucklegung • 19. Januar 1829 im Hoftheater Braunschweig uraufgeführt
Ort und Zeit der Handlung	• historisch nicht genau datier- und lokalisierbar • Orte: Schauplätze ändern sich ständig; u. a. Stadt in Deutschland (Leipzig wird genannt) Zeit: 16. Jh. mit Bezug zu Goethes Zeitalter • Zeitraum: unbestimmt, ungefähr 12 Monate
Aufbau	• 28 Szenen (bestehend aus 4612 Versen und 60 Prosazeilen) • 3 Prologe (3 Szenen) • die Handlung lässt sich untergliedern in die sogenannte Gelehrtentragödie und die Tragödie Margaretes
Historisches Vorbild	Johann Georg Faust (ca. 1480 bis 1540), Magier und Alchimist

Johann Wolfgang Goethes Tragödie *Faust I* (1808) ist eines der denkwürdigsten Werke der Weltliteratur. Im »Prolog im Himmel« gibt Gott das Thema des Dramas vor, er erlaubt dem Teufel, den Gelehrten Heinrich Faust auf Abwege zu bringen. Gott eröffnet damit auf der Erde ein Experimentierfeld für den Teufel, der den Gelehrten hemmungslos manipulieren wird.

Faust steckt zu diesem Zeitpunkt in einer schweren Lebenskrise, weil er an den Grenzen der überlieferten Wissenschaft verzweifelt. Der lebensmüde Doktor der Theologie spielt sogar mit dem Gedanken, sich selbst zu töten, bricht aber den Selbstmordversuch ab.

■ Teufelspakt Er geht stattdessen einen Pakt mit dem Teufel ein, der ihm dabei helfen soll, sein Lebensglück zu finden. Sollte das dem Teufel gelingen, muss Faust ihm seine Seele als Lohn überlassen.

Mephisto bringt den einsamen Stubengelehrten schnell auf erotische Abwege; er fliegt mit ihm in die Hexenküche, wo ihm die Hexe einen Zaubertrank verabreicht, der Faust um rund 30 Jahre verjüngt und ihn obendrein auf Frauen fixiert – von der Laufbahn als Wissenschaftler ist nun keine Rede mehr.

■ Margaretes Tragödie Faust verliebt sich prompt in Margarete, ein naives bürgerliches Mädchen, das ihn, den Gelehrten, bewundert. Schnell nimmt die Katastrophe ihren Lauf: Sie tötet ungewollt ihre Mutter mit einem Schlafmittel, wird von Faust schwanger; er ersticht ihren Bruder Valentin, der sich an dem Gelehrten rächen will – schließlich ermordet die wahnsinnig gewordene Margarete ihren Säugling. Das Gericht verurteilt sie zum Tod, aber am Ende der Tragödie rettet Gott ihre Seele. Faust sucht zusammen mit dem Teufel das Weite und wacht im zweiten Teil der Tragödie aus einem Heilschlaf auf.

Erst nach Goethes Tod im Jahr 1832 wird *Faust II* veröffentlicht: Dort erlebt der Gelehrte eine wahre Odyssee durch alle Sphären der Welt. Als er schließlich als Hundertjähriger stirbt, verkünden Engel seine Erlösung – seine Seele kommt in den Himmel und Mephisto geht leer aus.

■ *Faust II*

Was kann man in der heutigen Zeit von *Faust I* lernen, einer Tragödie, die im Spätmittelalter spielt?

Christa Wolf veröffentlichte 1975 ihr Gedankenexperiment *Tabula rasa*, in dem sie sich die Frage stellt: Wie stünde es um uns, wenn wir niemals Weltliteratur gelesen hätten? Uns würde Folgendes entgehen: »die Übung und Differenzierung des psychischen Apparats; Schärfung der Sinne, Erweckung der Beobachtungslust, der Fähigkeit, Komik und Tragik von Situationen zu sehen; Heiterkeit aus Vergleich mit Vergangenem zu ziehen, das Heroische als die Ausnahme zu würdigen, die es darstellt, und das Gewöhnliche, das sich immer wiederholt, gelassen zur Kenntnis zu nehmen und womöglich zu lieben.«[1]

■ Welchen Nutzen hat Weltliteratur?

Auch können wir lernen, über diesen Faust zu »staunen«, obwohl er uns zunächst in seinem alter-

---

1 Christa Wolf: »Tabula rasa«, in: *Was will Literatur?*, Bd. 2.: *Von 1918–1973*, hrsg. von Josef Billen und Helmut H. Koch, Paderborn 1975, S. 251.

tümlichen Kosmos befremdet und vielleicht als verstaubt erscheint. Dennoch ist *Faust I* – auch über 200 Jahre nach seiner Veröffentlichung – von immenser Aussagekraft und Brisanz: Er verkörpert den modernen Menschen mit seinen Sehnsüchten, Leidenschaften, Ängsten, seinem Wissens- und Erkenntnisdrang, aber auch mit seinen Schwächen.

■ Faust = moderner Mensch

Wir können unsere eigene Existenz mit Goethes Faust neu vermessen, unser Leben mit seinem vergleichen, uns von ihm abgrenzen und uns neu justieren. Er könnte in dem einen oder anderen Lebensbereich Maßstäbe setzen, die unser Verhalten, unser Denken, unsere Gefühle und unsere Wünsche verändern. Christa Wolf schätzt deshalb den Wert solcher literarischer Vorbilder außerordentlich: »Sich messen an den deutlichsten Gestalten aller Zeiten«.

2. Inhaltsangabe

Faust I besteht aus 28 Szenen. Der Tragödie sind drei Prologe vorangestellt: »Zueignung«, »Vorspiel auf dem Theater« und der »Prolog im Himmel«.

Drei Prologe

Im ersten Prolog, der **Zueignung**, führt der Dichter ein Selbstgespräch. Er stellt fest, dass sich ihm der Faust-Stoff, an dem er bereits in vergangenen Zeiten gearbeitet hat, erneut aufdrängt und dass er nun endlich bereit ist, sein Werk zu vollenden.

Im **Vorspiel auf dem Theater** streiten sich ein Schauspieldirektor, ein Theaterdichter und eine lustige Person. Der Direktor macht klar, dass es ihm hauptsächlich um den Erfolg des Theaterstücks und volle Kassen geht und weniger um die Kunst und die Raffinesse, die dahinterstecken. Der Dichter dagegen verteidigt mit Leidenschaft seine Kunst, er könne sogar mit seiner schöpferischen Kraft die Götter im Olymp vereinen. Für die lustige Person, einen Schauspieler, ist es hingegen wichtig, im Theater den Augenblick zu genießen und das Publikum zu begeistern.

Der **Prolog im Himmel** leitet nun die Faust-Tragödie tatsächlich ein. Die drei Erzengel loben die Werke Gottes feierlich. Mephisto dagegen, der nach dem Lobgesang der Engel plötzlich auch in den himmlischen Sphären auftaucht, lästert über das Lieblingswerk Gottes, die Menschen. Gott kontert und lobt den Faust, auch wenn er ihm noch »verworren dient« (V. 308). Mephisto ist aber überzeugt, dass er Faust vom rechten Weg abbringen könne.

■ Keine Wette zwischen Gott und dem Teufel

Er bietet dem Herrn eine Wette an: »Was wettet Ihr?« (V. 312) Gott geht überhaupt nicht darauf ein, er erlaubt ihm lediglich, den Gelehrten auf Abwege zu bringen. Der Herr aber weiß, dass Faust, auch wenn er sich zuweilen irrt, nicht abtrünnig wird: »Ein guter Mensch in seinem dunkeln Drange / Ist sich des rechten Weges wohl bewusst.« (V. 328 f.)

Fausts Entgrenzungsversuche (Gelehrtentragödie)

In der Szene **Nacht** sitzt Faust monologisierend in seinem »hochgewölbten, engen, gotischen Zimmer«. Er zieht sein Fazit als Wissenschaftler und muss sich eingestehen, dass er trotz seiner leidenschaftlichen Hingabe und der eifrigen Suche nach Erkenntnis immer noch nicht weiß, »was die Welt / Im Innersten zusammenhält« (V. 382 f.).

■ Magie als Sinnsphäre?

Ein Ausweg, sein erster Entgrenzungsversuch, scheint ihm schließlich die heidnische Magie zu sein; er genießt für einen Moment nachdenklich in sich gekehrt das »Zeichen des Makrokosmos«, das die »wirkende Natur« (V. 441) verkörpert. Aber er möchte die Natur leibhaftig erleben, deshalb beschwört er in seinem zweiten Entgrenzungsversuch den Erdgeist, doch dieser stürzt Faust in eine noch tiefere existenzielle Krise, weil er dem Geist nicht gewachsen ist:

»Weh! ich ertrag dich nicht!« (V. 485) Faust bricht vor Verzweiflung zusammen. Nur Sekunden später klopft sein Famulus Wagner, ein fleißiger Student und spießig-naiver Vertreter der spätmittelalterlichen Wissenschaft, an seiner Tür.

Der Dialog mit Wagner verstärkt seine existenzielle Krise, er sieht nur noch *einen* Ausweg, den Freitod. Aber in dem Augenblick, als er die Giftschale an den Mund ansetzt, erklingen die Osterglocken. Diese Töne lassen ihn in Jugenderinnerungen schwelgen. Er überdenkt seinen »letzten, ernsten Schritt« (V. 782) und gibt den Todeswunsch auf.

■ Fausts dritter Entgrenzungsversuch

Am ersten Ostertag unternimmt er in der Szene **Vor dem Tor** mit Wagner einen Spaziergang. Die Menschen – »Spaziergänger aller Art« – begrüßen Faust und zollen ihm Hochachtung. Der anbrechende Frühling und die Natur beleben ihn; seine Stimmung spiegelt sich in der Naturbeschreibung: »Vom Eise befreit sind Strom und Bäche / Durch des Frühlings holden, belebenden Blick« (V. 903 f.). Plötzlich aber taucht ein Pudel auf, er folgt dem Gelehrten und Wagner.

Faust und der Pudel befinden sich nun in der Gelehrtenstube (**Studierzimmer I**). Faust sitzt konzentriert an der Übersetzung des Johannes-Evangeliums (Neues Testament). Der Pudel hingegen wird unruhig. Der irritierte Gelehrte ahnt nichts Gutes, deshalb beschwört er das Tier magisch und es verwandelt sich in den Teufel. Faust denkt zunächst, er sei ein Student. Mephisto indes stellt sich als der Teufel vor: »So ist denn alles was ihr Sünde, / Zerstörung, kurz das

13

Böse nennt, / Mein eigentliches Element.« (V. 1342–1344) Faust bietet ihm einen Pakt an.

Mephisto hat aber ein anderes Problem, ein unsauber gezeichnetes Pentagramm auf dem Fußboden, ein magisches Zeichen, bannt ihn vorerst im Studierzimmer fest. Erst mit Hilfe einer Beschwörungsformel und einer Ratte kann er aus der Stube fliehen.

■ Teufelspakt

Doch bei einem zweiten Treffen (**Studierzimmer II**) wird der Teufelspakt geschlossen und mit Blut besiegelt: Sobald es dem Teufel gelingt, dem Gelehrten folgende Sätze abzuringen, ist Faust verloren: »Werd ich zum Augenblicke sagen: / Verweile doch! du bist so schön! / Dann magst du mich in Fesseln schlagen, / Dann will ich gern zugrunde gehn!« (V. 1699–1702) Nun möchte der lebenshungrige Faust, der sich von der Wissenschaft verabschiedet hat (V. 1748 f.), das pralle Leben genießen. Mephisto verhöhnt am Ende der Szene in der sogenannten Universitätssatire in einem Dialog mit einem Schüler die zeitgenössische Wissenschaft.

Der gemeinsame Weg der beiden beginnt dann in **Auerbachs Keller in Leipzig**. Dort versucht der Teufel, Faust die derben sinnlichen Freuden des Lebens schmackhaft zu machen. Doch der Versuch scheitert, weil Faust von den Sauforgien der jungen Männer angewidert ist.

Nun reisen der Teufel und Faust in die **Hexenküche**; dort verabreicht die Hexe ihm einen Verjüngungstrank, der ihn obendrein erotisch stimuliert und auf Frauen fixiert. Der animalische und chaotische

Abb. 1: Hexenküche: Faust, Mephisto und die Hexe.
Zeichnung von August von Kreling, ca. 1877

Kontext in der Hexenküche widert Faust zwar an, aber plötzlich schaut er wie gebannt auf das Spiegelbild einer hübschen Frau, die er im »Zauberspiegel« (V. 2430) sieht; er verliebt sich in sie und möchte sie sofort erobern: »O Liebe, leihe mir den schnellsten deiner Flügel, / Und führe mich in ihr Gefild!« (V. 2431 f.)

In der Szene **Straße** begegnet Faust Margarete, die gerade aus der Kirche kommt. Er versucht, mit ihr zu flirten; sie lässt sich nicht darauf ein und geht weiter. Kaum ist sie weg, tritt der Teufel auf, und der Verliebte bittet ihn, die Frau für ihn zu beschaffen und ein Geschenk für sie zu besorgen. Damit beginnt Margaretes Tragödie und Fausts vierter Entgrenzungsversuch, der nun die Liebe und Sexualität als Sinnsphäre testet.

■ Fausts vierter Entgrenzungsversuch

Margaretes Tragödie

Die Szene **Abend** eröffnet Margarete; ihr geht Faust nicht mehr aus dem Sinn: »Ich gäb was drum, wenn ich nur wüsst / Wer heut der Herr gewesen ist!« (V. 2678 f.)

Faust schleicht mit Mephisto in Gretchens Zimmer, dort deponiert der Teufel heimlich ein Schmuckkästchen in ihrem Kleiderschrank. Sie entdeckt es und legt sich den Schmuck um. Sie findet Gefallen daran, aber ihre Mutter (**Spaziergang**) nimmt ihr den Schmuck weg. Deshalb muss Mephisto ein neues Schmuckkästchen besorgen. Margarete findet es und flieht aus

Angst vor der Mutter mit dem Kästchen zu ihrer Nachbarin Marthe (**Der Nachbarin Haus**). Sie empfiehlt ihr, den Schmuck zu behalten und ihn zunächst heimlich bei ihr im Haus zu tragen. Nun kommt Mephisto und überlistet Marthe, um Faust und Margarete zu verkuppeln: Der Teufel überbringt der Kupplerin eine Nachricht: »Ihr Mann ist tot und lässt Sie grüßen.« (V. 2916) Angeblich sei ihr Gatte in Padua verstorben. Marthe möchte aber noch einen weiteren Zeugen hören, der ihr den Tod bestätigt. Faust wird der Zeuge sein. Damit ist das Treffen mit Margarete arrangiert. Mephisto umschmeichelt das Mädchen in dieser Szene und suggeriert ihr, sie sei nun reif für einen vornehmen Verehrer, der »Fräuleins alle Höflichkeit erweist.« (V. 3020)

In der Szene **Straße** überredet der Teufel den Gelehrten in drei Anläufen zur Falschaussage. Faust soll bezeugen, dass Herr Schwertlein, der Ehemann Marthes, in Padua begraben liegt.

In Marthes **Garten** begegnen sich Faust und Margarete erneut. Damit die beiden ungestört sein können, kümmert sich Mephisto um Marthe, die um ihn buhlt, aber chancenlos bleibt. Doch zwischen Margarete und Faust bahnt sich dort ein erotisches Techtelmechtel an. Sie liegt mit ihrer Vermutung richtig: »Er liebt mich!« (V. 3184)

Faust und Margarete verschwinden ins **Gartenhäuschen**. Nun kommt es zur einzigen Darstellung einer Liebesszene in der Tragödie; nachdem Faust sie geküsst hat, gesteht das Mädchen ihm ihre Liebe.

Fausts Ganzheitserfahrung in der Natur

Nach dem Liebestaumel zieht Faust sich in **Wald und Höhle** zurück und gibt sich euphorisch der Natur hin. Diese Symbiose erfüllt ihn für wenige Momente und er bedankt sich feierlich bei dem Erdgeist. Aber sein Glück wird schnell wieder von Selbstzweifeln (V. 3240–3250) untergraben und seine sexuelle Triebhaftigkeit macht sich wieder bemerkbar, sie treibt ihn »von Begierde zu Genuss« (V. 3249).

Obendrein taucht Mephisto auf, der sich über seine Naturversunkenheit lustig macht und er erinnert ihn an Margarete, die sehnsüchtig auf Faust wartet.

Faust treibt Margarete bewusst in die Katastrophe

Schließlich entscheidet sich der triebgesteuerte Gelehrte für das Mädchen, obwohl er weiß, dass er ihre kleine bürgerliche Welt katastrophal zugrunde richten wird: »Mag ihr Geschick auf mich zusammenstürzen / Und sie mit mir zugrunde gehn.« (V. 3364 f.)

Margarete dagegen sitzt in **Gretchens Stube** an ihrem Spinnrad und reflektiert ihren Liebeskummer, ihre Sehnsucht und Unruhe: »Meine Ruh ist hin, / Mein Herz ist schwer« (V. 3374 f.).

In der Szene **Marthens Garten** sind die Liebenden wieder vereint. Dort äußert sich Gretchen skeptisch über Mephisto und will von Faust wissen: »Nun sag, wie hast du's mit der Religion?« (V. 3415) Der gelehrte Mann weiß, wie wichtig dem frommen Mädchen die Religion ist, aber er beantwortet die Frage nicht, er redet nur darum herum. Beide sehnen sich gleichwohl nach einer gemeinsamen Liebesnacht: »Ach kann ich nie / Ein Stündchen ruhig dir am Busen hängen, /

Und Brust an Brust und Seel in Seele drängen?«
(V. 3502–3504)

Ihre Mutter darf davon nichts mitbekommen, des-
halb stimmt sie Fausts Plan zu, die Mutter mit einem
Schlaftrunk zu betäuben. Das Medikament hat der
Teufel besorgt, die Mutter stirbt daran. Die beiden
Verliebten indes hatten eine schöne Liebesnacht;
Gretchen wird in dieser Nacht schwanger.

■ Gretchen tötet unge- wollt ihre Mutter

Am Brunnen redet Margarete mit Lieschen, die
spricht höhnisch über das schwangere Bärbelchen, die
von ihrem Liebhaber verlassen wurde. Gretchen ahnt,
dass ihr das gleiche Schicksal wie Bärbelchen bevor-
steht. Sie zieht sich in einen Gang zwischen innerer
und äußerer Stadtmauer zurück (**Zwinger**) und betet
in ihrer Not zu einem Andachtsbild der Mutter Gottes.

In der **Nacht** trifft Margarete ihren Bruder Valentin, der als Soldat in der Fremde weilte. Er hat von ihrer Schwangerschaft und dem Tod der Mutter gehört
und will deshalb ihren Geliebten töten. Als Faust und
Mephisto auf Bruder und Schwester treffen, kommt
es zu einem Gefecht, in dem Faust – unterstützt vom
Teufel – Valentin tödlich verletzt. In seinen letzten
Sekunden verflucht und ächtet er seine Schwester öffentlich.

■ Faust tötet Margaretes Bruder

Margarete geht in den **Dom**, dort geht der »Böse
Geist«, vielleicht ihr eigenes Gewissen oder ihre ima-
ginierten Mitbürger, hart mit ihr ins Gericht und ächtet sie: »Die Hände dir zu reichen, / Schauert's den
Reinen.« (V. 3830 f.)

■ Kein Trost für Gret- chen in der Kirche

Mittlerweile sind Mephisto und Faust mitten im Gewühl der **Walpurgisnacht**. Die Szenerie ist von urkräftiger Sexualität bestimmt, Faust lässt sich zwar vom Hexentanz mitreißen, aber plötzlich hat er eine Vision: Er sieht Gretchens tödliches Schicksal und ist unfähig, weiter mitzutanzen. Nach dem Zwischenspiel **Walpurgisnachtstraum oder Oberons und Titanias goldne Hochzeit** setzt die Szene **Trüber Tag – Feld** ein. Faust macht Mephisto in einem Streitgespräch für das Elend Gretchens verantwortlich, aber der Teufel erinnert ihn daran, dass er ihm nur seine versprochenen Dienste geleistet habe, wie es im Pakt beschlossen wurde. Auf »*schwarzen Pferden daherbrausend*« (**Nacht, offen Feld**) sind sie zu Gretchen unterwegs, die im **Kerker** auf ihre Hinrichtung wartet. Das Mädchen, das inzwischen wahnsinnig geworden ist, fühlt sich für den Tod ihrer Mutter und ihres Bruders verantwortlich.

■ Gretchen tötet ihren Säugling

Im Wahn hat sie zudem ihren Säugling ertränkt und wurde dafür zum Tode verurteilt. Faust schafft es, in ihre Zelle zu gelangen. Er will mit Margarete fliehen, sie retten. Doch sie kann eine Flucht mit ihrem Gewissen nicht vereinbaren, sie akzeptiert vielmehr in einem klaren Moment ihre Schuld. Mephisto taucht plötzlich vor dem Kerker auf, um mit Faust zu flüchten, der zunächst noch zögert, ihn zu begleiten. Margarete übergibt sich dem Gottesurteil und wird erhört, von oben ertönt es: »Ist gerettet!« (V. 4611) Dann verschwindet der Teufel mit Faust.

Die Tragödie setzt sich im zweiten Teil fort: *Faust II*

(1832). Faust erwacht dort nach einem Heilschlaf, der auch Margaretes Schicksal aus seinem Gedächtnis gelöscht hat, und geht nun mit dem Teufel auf Weltfahrt.

Als der hundertjährige Faust stirbt, kommt er zum Entsetzen des Teufels in den Himmel und wird erlöst; dort trifft er Margarete wieder, die im »Chor der Büßerinnen« steht und ihn erwartet: »Der früh Geliebte / Nicht mehr Getrübte / Er kommt zurück.« (V. 12073–12075) Sie bittet die Mutter Gottes, ihn in den Himmel einführen zu dürfen: »Vergönne mir ihn zu belehren, / Noch blendet ihn der neue Tag.« (V. 12092 f.) Der Wunsch wird in Erfüllung gehen: »Wenn er dich ahnet folgt er nach.« (V. 12095)

■ Der Kreis schließt sich: Faust und Gretchen im Himmel

3. Figuren

Faust

Doktor Heinrich Faust ist ein Vertreter der spätmittelalterlichen, humanistischen Gelehrtenkultur,
die sich vom Leben entfremdet hat. Er ist ein Stubengelehrter, der sich über Jahrzehnte hinweg mit seinen
Büchern auseinandergesetzt hat und vom Alltagsle-
ben und der Natur mehr oder weniger isoliert war.
Goethes Mentor Johann Gottfried Herder (1744–
1803) analysiert diese Art von Gelehrtenkultur treffsicher: »Man weiß, wie wenig Originalen Geist man
in diesen übrigens sehr verdienten Philologen an-
trifft: und man muß über die Schwäche des Mensch-
lichen Geistes die Achseln zucken, wenn man sieht,
wie das Denken unter der Last der Gelehrsamkeit er-
liegt.«[2]

■ Unerfülltes
Gelehrten-
leben

Faust ist mit seinem verstaubten Gelehrtendasein
zutiefst unzufrieden, deshalb sehnt er sich – wie später die Stürmer und Dränger – nach der Natur: »Wo
fass ich dich, unendliche Natur?« (V. 455) Und er
möchte ein gottgleiches Genie, ein genialer Übermensch werden: »Ich Ebenbild der Gottheit!« (V. 516)
Außerdem will er als neuzeitlicher Wissenschaftler
die alte Gelehrtenkultur überwinden und objektiv –
ohne jeglichen religiösen Kontext – erforschen, »was
die Welt / Im Innersten zusammenhält«. (V. 382 f.)

2 Johann Gottfried Herder, *Sämtliche Werke*, Bd. 1, Berlin 1877,
S. 370 f.

Aber er scheitert schon bei einer weitaus leichteren Aufgabe als Philologe, dem Versuch, den ersten Satz des Johannesevangeliums, das vierte Buch des Neuen Testaments, richtig zu übersetzen: »Geschrieben steht: ›im Anfang war das Wort!‹ / Hier stock ich schon! Wer hilft mir weiter fort?« (V. 1224 f.) Schließlich favorisiert er eine Variante, die ihm als vermeintlichem Tatmenschen schmeichelt: »im Anfang war die Tat!« (V. 1237) In dieser Übersetzungspassage (V. 1224–1237) fällt auf, dass er ständig »Ich« sagt. Das verdeutlicht seine egomanische Zentrierung auf sich selbst, er ist nicht mehr in die substantiellen Institutionen, wie etwa Staat, Religion oder Familie, eingebunden und gebärdet sich damit als moderner Mensch, der verloren als »der Unbehauste« (V. 3348) im Weltganzen nur noch Halt – wenn überhaupt – in sich selbst zu finden vermag.

In seiner Verzweiflung wendet er sich der Magie zu, beschwört das Zeichen des Makrokosmos (V. 430–459), schließlich den Erdgeist (V. 460–517), aber er scheitert.

Er verbündet sich schließlich mit dem Teufel, geht einen Pakt mit dem Bösen ein und hofft, dass nun seine titanischen Wünsche in Erfüllung gehen. Faust, der nach der Erdgeist-Beschwörung eine schwerwiegende existenzielle Krise durchlebte, ist nun wieder erstaunlich schnell voller Tatendrang und zutiefst skrupellos, da er Mephistos Dienste annimmt. Aber der Teufel kann den Gelehrten nicht vom »rechten Wege« abbringen. Gott hat im »Prolog im Himmel«

■ Fausts Pakt mit dem Bösen

Mephisto zwar erlaubt, Faust auf der Erde zu verführen, aber er lässt keinen Zweifel daran, dass der Teufel dabei chancenlos bleiben wird. Außerdem irrt Mephisto, weil er glaubt, er könne den Doktor mit dem flachen sinnlichen Leben von seinem Urquell abziehen, obwohl er selbst ausspricht, dass Faust sich immer noch nach höheren Sphären sehnt: »Ihm hat das Schicksal einen Geist gegeben, / Der ungebändigt immer vorwärts dringt, / Und dessen übereiltes Streben / Der Erde Freuden überspringt.« (V. 1856–1859)

Faust scheitert als Wissenschaftler Mit dem Teufelspakt endet Fausts Karriere als Wissenschaftler, er ist an ihr gescheitert und fortan ist keine Rede mehr davon, dass er erforschen möchte, »was die Welt / Im Innersten zusammenhält« (V. 382 f.). Stattdessen verlockt der Teufel seinen Partner ab sofort nur durch die sinnliche Welt. Aber schon ihr Ausflug in »Auerbachs Keller in Leipzig« scheitert, weil der gelehrte Mann von dem Trinkgelage der wüsten Gesellen angewidert ist.

Der Teufel hofft nun, dass er Faust mit einer Liebschaft von seinem »Urquell« (V. 324) – von Gott – abziehen kann. Er spricht die triebhafte Seite des Gelehrten an, denn er weiß von dem ambivalenten Charakter seines Begleiters, der sich so definiert: »Zwei Seelen wohnen, ach! in meiner Brust, / Die eine will sich von der andern trennen« (V. 1112 f.). Die eine sehnt sich nach höherer Erkenntnis, die andere nach »derber Liebeslust« (V. 1114). Diese Seele, die wohl in all den Jahrzehnten als Stubengelehrter keine Chance bei

Faust bekommen hat, will nun Mephisto entfesseln und bedienen.

Der alte Gelehrte, er ist wohl 50 bis 60 Jahre alt, hätte bei der Damenwelt wohl kaum eine Chance; deshalb muss er verjüngt werden, was für den stolzen Mann nicht unbedingt schmeichelhaft ist, aber der Teufel kann ihm keine lockendere Alternative – allenfalls noch Feldarbeit (V. 2352–2361) – als diese anbieten: »Und schafft die Sudelköcherei / Wohl dreißig Jahre mir vom Leibe? / Weh mir, wenn du nichts Bessers weißt!« (V. 2341–2343) Der Zaubertrank entfesselt Fausts lang unterdrückte Sexualität gewaltig; er ist kaum noch zu bändigen, obendrein manipuliert und verzerrt das Gebräu seine Wirklichkeitswahrnehmung und sein erotisches Verlangen, was der Teufel ironisch kommentiert: »Du siehst, mit diesem Trank im Leibe, / Bald Helenen in jedem Weibe.« (V. 2603 f.)

■ Verjüngungstrank

Die erste Frau, die Faust auf der Straße zu sehen bekommt, ist Margarete, in die er sich sogleich verguckt. Der Verliebte fordert skrupellos die Kupplerdienste von Mephisto ein, erpresst ihn sogar, weil er das Mädchen schnell ins Bett bekommen will: »Und das sag ich Ihm kurz und gut, / Wenn nicht das süße junge Blut / Heut Nacht in meinen Armen ruht; / So sind wir um Mitternacht geschieden.« (V. 2635–2638)

■ Faust erpresst den Teufel

Aber auch im Liebesleben, das alles andere als authentisch ist, weil es von der Hexe herbeigezaubert wurde, findet Faust keine Erfüllung. Außerdem ist er unfähig, sich zu binden und treu zu bleiben, er selbst

■ Der Gelehrte ist bindungsunfähig

weiß das und Mephisto stellt ihm zu Recht diesbezüglich eine rhetorische Frage, die ihn entlarvt: »Dann wird von ewiger Treu und Liebe, / Von einzig überallmächt'gem Triebe – / Wird das auch so von Herzen gehn?« (V. 3056–3058)

Seine sexuelle Unrast beruhigt sich nur für einen Augenblick, weil sich seine zweite Seele meldet, die nach Erkenntnis und der Ganzheitserfahrung sucht. In der Szene »Wald und Höhle« (V. 3217–3239) erlebt er diese ersehnte Symbiose mit der Natur. Hier könnte er innehalten und sich von Gretchen trennen, aber der Teufel drängt ihn weiter zu dem Mädchen hin und Faust kommt nicht gegen sein sexuelles Verlangen an: »Bring die Begier zu ihrem süßen Leib / Nicht wieder vor die halb verrückten Sinnen!« (V. 3328 f.) Rasend vor Verzweiflung erkennt er, dass er Gretchen in den Untergang (V. 3347–3365) treiben wird. Fausts entfesselte Sinnlichkeit zerstört schließlich Gretchens Familie – am Ende der Tragödie sind vier Tote zu beklagen, für die er verantwortlich ist: die Mutter, Valentin, der Säugling und Margarete.

Fausts Hoffnung, in der Liebe Erfüllung zu finden, scheitert radikal, auch weil er *seinen* Liebesgenuss ins Zentrum stellt: »Faust liebt die junge Frau, doch noch mehr liebt er sein Liebesgefühl. Seine mangelnde Vorsorge für Gretchen offenbart seine Liebesegozentrik, den Selbstgenuß der hochgetriebenen Emotion.«[3] Auch Goethe kritisierte am 17. Februar 1831

Ganzheitserlebnis in »Wald und Höhle«

Egomanischer Liebhaber

3 Werner Keller, »Faust. Eine Tragödie«, in: *Goethes Dramen*, hrsg. von Walter Hinderer, Stuttgart 2010, S. 312.

Himmlische Welt

Gott
Erzengel
Engel

Jüngstes Gericht

weiße Magie

Erdgeist
Geister

Unterwelt

Mephisto
Hexen
Halbhexe
Trödelhexe
Meerkater u. a.

Teufelspakt

Liebe ♥ ?

Margaretes Welt

Margarete
ihre Mutter
ihre Schwester
ihr Vater
ihr Bruder Valentin
Frau Marthe

Handwerker
Dienstmädchen
Schüler
Bürgermädchen
Bettler
Soldaten
Bauern
Die Alte
Chor der Engel,
Weiber und Jünger
Bärbelchen
Lieschen

Gelehrtenwelt

Faust
Wagner
Studenten
Schüler

Theaterwelt

»*Vorspiel auf dem Theater*«
Direktor
Theaterdichter
Lustige Person
(Schauspieler)

»*Walpurgisnachtstraum*«
Theatermeister
Herold
Oberon
Puck
Ariel
Titania u. a.

Abb. 2: Figurenkonstellation

Fausts egomanisches Verhalten in einem Gespräch mit Johann Peter Eckermann: »Der erste Teil [des *Faust I*] ist fast ganz subjektiv; es ist alles aus einem befangeneren, leidenschaftlicheren Individuum hervorgegangen, welches Halbdunkel den Menschen auch so wohltun mag.« Der Dichter Goethe kennt nur einen Weg, um Faust zu retten: Er schenkt ihm Vergessen. In *Faust II* kuriert ihn ein Heilschlaf »auf blumigen Rasen gebettet«.

Mephistopheles

Der Name Mephistopheles kommt in Varianten nur in den überlieferten Faustbüchern vor; über seine Bedeutung gibt es mehrere Vermutungen: Er wird zum Beispiel als Lügner, als Zerstörer oder das Wesen, welches das Licht nicht liebt, bezeichnet. Faust verortet den Teufel auch in diesem Kontext: »Wenn man euch Fliegengott, Verderber, Lügner heißt.« (V. 1334) Goethe legt seinen Teufel vielgestaltig an, was erst im ausgehenden 18. Jahrhundert möglich ist: »Anders als im 16. Jh., aus dem Goethe ihn in eine Dichtung seiner eigenen Zeit holte, hat der Teufel seine leibhaftige Glaubenswirklichkeit hier verloren und wird damit verfügbar für ein freies Spiel der Bedeutungen und Rollen, die er selber sich zuschreibt, oder in denen die anderen ihn wahrnehmen.«[4]

Mephisto übernimmt viele Rollen in Goethes Tra-

---

4 Albrecht Schöne, *Johann Wolfgang Goethe. Faust. Kommentare*, Frankfurt a. M. 1999, S. 168.

gödie, er ist der Intrigant, der Kuppler, der Zyniker, aber auch der Schalk, wie etwa in der Universitätssatire (V. 1844–2050), in der er den Studenten an der Nase herumführt, und zuweilen ist er selbstironisch: »Ich möcht mich gleich dem Teufel übergeben, / Wenn ich nur selbst kein Teufel wär!« (V. 2809 f.)

Mephisto weiß auch, dass er »keiner von den Großen« (V. 1641) ist. Seine Macht ist in der Tat begrenzt; schon die vermeintliche Wette mit Gott, die keine ist, brüskiert ihn, weil er von Anfang an chancenlos ist. Der Herr lässt ihn aber gewähren, er darf das Experiment auf Erden mit Faust vollziehen, und Gott wird das Treiben gelassen beobachten, wobei er den Teufel nicht verachtet, weil er weiß, dass er eine wichtige Funktion in der Welt übernimmt: »Des Menschen Tätigkeit kann allzu leicht erschlaffen, / Er liebt sich bald die unbedingte Ruh; / Drum geb ich gern ihm den Gesellen zu, / Der reizt und wirkt, und muss, als Teufel, schaffen.« (V. 340–343) Damit erhöht der Herr ihn zum Mitspieler. Mephisto indessen spiegelt Gottes Funktionszuordnung auf seine Art: Er bezeichnet sich selbst als einen »Teil von jener Kraft, / Die stets das Böse will und stets das Gute schafft.« (V. 1335 f.)

Auch auf der Erde macht Mephisto nicht immer eine gute Figur. Als Faust ihn darum bittet, ihn schnell mit Margarete zu verkuppeln, macht er nicht gerade einen souveränen Eindruck: »Über die hab ich keine Gewalt!« (V. 2626) Erst als der Gelehrte ihn unter Druck setzt, willigt er ein, bittet sich aber erstaunlicherweise viel Zeit aus: »Ich brauche wenigstens

■ Der Teufel ist nicht so mächtig

■ Mephisto als elementarer Bestandteil der Welt

vierzehn Tag, / Nur die Gelegenheit auszuspüren.«
(V. 2640 f.)

Im »Prolog im Himmel« singen die drei Erzengel
ein Loblied auf Gottes Schöpfung. Als Mephisto diesen heiligen Bezirk betritt und mit Gott redet, lästert
er über die Menschen, die sich vergeblich auf der Erde schinden und sich mühen. Es ginge ihnen besser,
wenn der Herr ihnen nicht die Vernunft gegeben
hätte, denn die Menschen benutzten sie nur zu einem Zweck: um »tierischer als jedes Tier zu sein.«
(V. 286) Mephisto reduziert hier den Menschen – und
auch Faust – nur auf seine Triebhaftigkeit, deshalb
verkennt er, dass Personen sich durchaus »des rechten Weges [...] bewusst« (V. 329) sein können. Hier
irrt sich der Teufel tragisch, und das wird ihm zum
Verhängnis, zumal er am Ende von *Faust II* mit lee-
ren Händen dasteht, eben ohne Fausts Seele, weil
diese in den Himmel kommt. Schon in der Ker-
ker-Szene hätte er lernen können, dass Gott Menschen erlöst. Als er nach Margaretes Gebet trium-
phierend ruft: »Sie ist gerichtet!« (V. 4611), kommt
prompt die knappe Antwort aus dem Himmel: »Ist
gerettet!« (V. 4611)

Der Teufel dagegen ist Repräsentant der sinnlichen
und triebhaften Gegenwelt, er fühlt sich am wohlsten
auf heidnischem Boden, etwa in der »Hexenküche« –
dort sitzt er »wie der König auf dem Throne« (V. 2448)
– und in der »Walpurgisnacht«.

Mephisto passt sich zudem, was sein Aussehen angeht, opportunistisch an den Zeitgeist an: »Wo siehst

Mephistos Menschenbild (margin note)

Mephistos Machtsphäre: das Triebhafte (margin note)

Der Teufel legt Wert auf sein Äußeres (margin note)

du Hörner, Schweif und Klauen? / Und was den Fuß betrifft, den ich nicht missen kann, / Der würde mir bei Leuten schaden; / Darum bedien ich mich, wie mancher junge Mann, / Seit vielen Jahren falscher Waden.« (V. 2498–2502) Der eitle Teufel kaschiert den Pferdefuß mit einem Futter aus Sägespänen oder Stoff.

Die Partnerschaft zwischen Faust und Mephisto ist komplex. Der Teufel dient dem Gelehrten; auf der anderen Seite ist er aber sein Gegner, der ihn ins Unglück stürzen will. Sobald Faust glücklich scheint, kommt der Teufel ihm in die Quere. Als der Gelehrte in »Wald und Höhle« fast schon entschlossen ist, Margarete zu verschonen, stachelt er ihn an, das Mädchen zu beschlafen und damit ins Unglück zu stürzen.

■ Geschäfts-
partner:
Faust und
der Teufel

Literaturwissenschaftler, die einen psychologischen Ansatz bei der Interpretation rund um *Faust I* ansetzen, stellen die These auf, dass der Teufel Fausts *alter ego* sei, sein anderes Ich, eben die triebhafte und böse Seite seines Wesens; diese moderne Lesart ist methodisch legitim und eröffnet neue Blickwinkel auf die bizarre Konstellation dieser beiden Figuren. So ist Mephisto durchaus ein scharfzüngiges, sarkastisches und welterfahrenes Wesen mit psychologischem Inventar und nicht, wie in den mittelalterlichen Mysterienspielen, eine Allegorie des Bösen. Faust indes kann in der Partnerschaft mit dem Teufel seine böse Seite auf ihn projizieren. Das entlastet den Gelehrten, weil er so seine zerstörerischen und bösen Kräfte in der anderen Gestalt ausleben kann, was allerdings auch ihn beeinflusst. Das bringt der Teufel treffsicher auf den Punkt: »Du bist doch sonst so ziemlich einge-teufelt.« (V. 3371)

Margarete

Faust ist mit seinem stürmischen und zerrissenen Wesen der Gegenpol zu dem sanften und genügsa-men Mädchen und doch gibt sie sich dieser unkon-ventionellen Liebe hin und kann es kaum glauben, dass ihre Liebe, die doch nur das Gute im Sinn hatte, in Leid umschlägt und eine Katastrophe nach der an-deren auslöst: »Doch – alles was dazu mich trieb, / Gott! war so gut! ach war so lieb!« (V. 3585 f.)

Margarete ist »über vierzehn Jahr […] alt« (V. 2627); damit galt sie damals, weil sie im Konfirmationsalter war, als heiratsfähig. Sie lebt mit ihrer Mutter in klein-bürgerlichen Verhältnissen (V. 3109–3124); ihr Vater ist verstorben, aber er hat den beiden Frauen »ein hübsch Vermögen« und ein »Häuschen und ein Gärtchen vor der Stadt« (V. 3117 f.) vererbt; gleichwohl fehlen ihr die mütterliche Liebe und der väterliche Schutz. Gretchen pflegte mühevoll ihre kleine Schwester, bis diese schließlich verstarb. Ihr Bruder **Valentin** kümmert sich nicht um Mutter und Schwes-ter, weil er in der Fremde sein Soldatenleben ver-bringt. Als er später von ihrer Schande – dem Tod der Mutter und ihrer außerehelichen Beziehung mit Faust – hört, verstößt er sie (V. 3722–3775).

In ihrer kleinen Welt kann Margarete kein stabi-

■ Gretchens Lebenswelt

les Selbstbewusstsein entwickeln, weil jeder ihrer Schritte von der strenggläubigen Mutter kontrolliert wird. Als sie zum Beispiel das Schmuckkästchen in ihrem Zimmer entdeckt, übergibt die Mutter es sogleich dem Pfarrer: »Mein Kind, rief sie, ungerechtes Gut / Befängt die Seele, zehrt auf das Blut. / Wollen's der Mutter Gottes weihen« (V. 2823–2825). Auch die Kirche kontrolliert Margaretes Leben durchgängig, ebenso ihre Freundinnen, die jeden Regelverstoß hemmungslos – ohne jegliches Mitgefühl – verurteilen, so etwa in der Szene »Am Brunnen« (V. 3544–3586).

■ Margarete wird von Mutter, Kirche und Mitbürgern kontrolliert

Als aber Faust ins Spiel kommt, keimt in Margarete der Wunsch auf, ihren Status zu verbessern. Das scheint absurd, weil die Fallhöhe zwischen dem vierzehnjährigen Mädchen und dem hochgebildeten, deutlich älteren Wissenschaftler, der ohne Verjüngunstrank wohl 50 bis 60 Jahre alt wäre, viel zu groß ist. Auch der Philosoph Friedrich Nietzsche (1844–1900) wundert sich über diese bizarre Konstellation: »Eine kleine Nähterin wird verführt und unglücklich gemacht; ein grosser Gelehrter aller vier Facultäten ist der Uebelthäter. Das kann doch nicht mit rechten Dingen zugegangen sein? Nein, gewiss nicht! Ohne die Beihülfe des leibhaftigen Teufels hätte es der grosse Gelehrte nicht zu Stande gebracht.«[5]

■ Fallhöhe zwischen Margarete und Faust

Faust ist von Margarete angetan, weil sie das Ge-

5 Friedrich Nietzsche, *Menschliches, Allzumenschliches I/II.* Kritische Studienausgabe, Bd. 2, hrsg. von Giorgo Colli und Mazzino Montinari, München [u. a.] 1967–77, ²1988, S. 606.

genteil zu seinem verwissenschaftlichten Leben repräsentiert: das Natürliche, Volkstümliche und Einfa-
che – Attribute also, auf welche die Dichter der »Sturm
und Drang«-Epoche besonderen Wert legten. Faust
suggeriert dem Mädchen auch, sie sei etwas Besseres.
Als er sie das erste Mal anspricht, verwendet er die
Anrede »Mein schönes Fräulein« (V. 2605) – damals
wurden adelige Frauen mit »Fräulein« angesprochen,
aber keine kleinbürgerlichen Mädchen. Gretchen
schämt sich ob dieser Anrede (V. 2607), die sie – da sie
den Standesunterschied offenlegt – demütigt. Gleichwohl lässt sie seine Umarmung kurz zu, offenbar fühlt
sie sich doch geschmeichelt.

Gretchen vertraut sich der Kupplerin **Marthe** an,
weil sie niemals mit ihrer strengen Mutter über Faust
reden könnte, die sie sofort kategorisch abstrafen
würde. In der Szene »Garten« gesteht sie ihm offen
ihre Liebe. Mit ihrem Liebesschwur, den der Doktor
erwidert, grenzen sich beide aus der Gesellschaft aus,
denn Staat, Recht und Kirche erlauben keine außerehelichen Beziehungen. Sie isolieren sich also mit
dieser erotischen Gefühlssubjektivität von den gel-
tenden Institutionen. Margarete gibt sich rücksichts-
los ihrer Liebe zu dem Gelehrten hin, sie vertraut ihrem leidenschaftlichen Gefühl und ihrer unbedingten
Hingabe; sie opfert alles dieser einen Liebe, was sich
als fatal erweisen soll.

Auch Faust wird ihr nicht den ersehnten Halt geben können, weil er Gretchen als Person kaum ernst
nimmt; seine Komplimente sind oft unpassend, auch

Abb. 3: Margarete, die vom Teufel beobachtet wird, kurz bevor sie Faust zum ersten Mal trifft. Zeichnung von August von Kreling, ca. 1874

redet er sie nur einmal mit ihrem Namen (V. 4460) an, erst in der letzten Szene: im »Kerker«. Als sie sich bei Faust über Mephisto beschwert, weil sie ihn hasst, erniedrigt er sie mit seiner Antwort: »Liebe Puppe, fürcht ihn nicht!« (V. 3476) Mehr als eine Puppe, mit der er nach Gutdünken spielen kann, ist Margarete in seinen Augen nicht, auch wenn er zuweilen denkt, er sei in sie verliebt. Auch Mephisto degradiert sie, indem er sie als »ein gar unschuldig Ding« (V. 2624) und »Geschöpfchen« (V. 2644) bezeichnet.

■ Faust degradiert Margarete zu einer »Puppe«

Gleichwohl unterwirft sich das Mädchen dem Doktor, das spiegelt sich auch im Metrum wider: Als sie die ersten Worte an Faust richtet, legt ihr Goethe Knittelverse (V. 2607 f.) in den Mund, später klinkt sie sich in Fausts Rhythmus ein, wenn sie zuweilen in Madrigalversen spricht: »Ich fühl es wohl, dass mich der Herr nur schont« (V. 3073).

Als das Mädchen schließlich am Spinnrad sitzt und ein Lied singt, ahnt sie, dass sie ihre Identität verlieren wird: »Mein armer Kopf / Ist mir verrückt, / Mein armer Sinn / Ist mir zerstückt.« (V. 3382–3385) Margarete kann ihre Schuld und ihre Gewissensnöte mit keinem Menschen teilen, weil sie dann der »Schmach« (V. 3616) ausgesetzt wäre, und das wäre unerträglich. Sie muss diesen Konflikt in ihrem Inneren austragen; völlig in sich selbst isoliert, steigert sich ihre Verzweiflung auf ein unerträgliches Maß. Als ihr Bruder Valentin sie dann noch vor dem Volk als Hure bezeichnet und sie verstößt, ihre »Schande« also öffentlich macht, häufen sich ihre paranoiden Schübe.

■ Gretchens Sehnsucht und Liebeskummer

Ihr schlechtes Gewissen spaltet sich halluzinatorisch in der nächsten Szene »Dom« von ihr ab. Ihr
»Böser Geist«, der auch stellvertretend für die tugend-
hafte Gesellschaft steht, forciert den Wahnsinn der
schwangeren Frau, als auch er von ihrer »Schande«
spricht: »Verbirg dich! Sünd und Schande / Bleibt
nicht verborgen.« (V. 3821 f.) Ihre Sünde wird öffentlich, als sie ihren Säugling im Wahnsinn getötet hat.
Im Kerker schließlich, als sie auf ihre Hinrichtung
wartet, hat sie hin und wieder Momente, in denen sie
scheinbar klar denken kann. In diesem Kontext bekennt sie sich zu ihrer Schuld, und nach ihrem Gebet (V. 4607–4609) distanziert sie sich von Faust, sie
erkennt oder ahnt seine Mitschuld: »Heinrich! Mir
graut's vor dir.« (V. 4610)

Schließlich übergibt sie sich dem »Gericht Gottes!«
(V. 4605), und eine Stimme aus dem Himmel verkün-
det, dass sie »gerettet« (V. 4611) sei.

4. Form und literarische Technik

Am 28. Januar 1804 beurteilt Goethe in einem Brief an Friedrich Schiller Pedro Calderóns de la Barca (1600–1681) Versdrama *El príncipe constante* (*Der standhafte Prinz*, 1636): »Ja, ich möchte sagen, wenn die Poesie ganz von der Welt verlorenginge, so könnte man sie aus diesem Stück wieder herstellen.« Der Germanist Albrecht Schöne bezieht dieses Zitat indes auf Goethes *Faust*. Man könnte in der Tat die gesamte »Poesie« aus seiner Tragödie ableiten.

Goethe hat von etwa 1772 bis 1832 – mit erheblichen Unterbrechungen – an Faust I/II gearbeitet, die Lebenserfahrung aus sechs Jahrzehnten konzentriert sich in diesem Meisterwerk. Schöne veranschaulicht das überzeugend: »Es sprechen und singen in diesem polyphonen Werk die Stimmen des jungen Leipziger Studenten, des Straßburger und Frankfurter Stürmers und Drängers, des Weimarer Klassikers, des alten Mannes im Haus am Frauenplan. Und die Vielzahl der poetischen Instrumente, die Goethe im Gang durch diese Altersstufen und Arbeitsphasen meistern lernte und für den *Faust* eingesetzt hat, läßt ihn geradezu als Summe seiner Dichtkunst erscheinen.«[6]

Faust ist keine Tragödie im überlieferten aristotelischen Sinne, zudem sprengt sie die Grenzen des üblichen metrischen Inventars und spielt mit unterschiedlichen literarischen Genres: Das Puppentheater

6 Schöne (Anm. 4), S. 11.

der damaligen Wanderbühnen kommt hier zu Wort, in der Nacht-Szene spielt das mittelalterliche Oster-spiel eine Rolle, Margaretes Schicksal erinnert an ein bürgerliches Trauerspiel und der bedeutungsschwere »Prolog im Himmel« steht im intertextuellen Bezug zu mittelalterlichen Mysterienspielen und dem spa-nischen Barocktheater. Außerdem spielen mehrere Lieder in der Tragödie eine wichtige Rolle. Einige Aspekte dieses Formenreichtums werden hier vorge-stellt.

Werkaufbau

Faust I besteht aus drei Teilen: Der erste Teil enthält drei Prologe (V. 1–353): 1. »Zueignung« – 2. »Vorspiel auf dem Theater« – 3. »Prolog im Himmel«. Der dritte Prolog bezieht sich auf das gesamte Drama, auf *Faust I* und *Faust II*, und bildet den metaphysischen Rahmen beider Teile: Gott beobachtet das Treiben auf der Erde und richtet am Ende über Faust.

Es folgt das Binnengeschehen, das gemeinhin von Forschung und Schule in eine Gelehrten- und eine Gretchen-Tragödie aufgeteilt wird. Der Untertitel von *Faust I* spricht zwar von *einer* »Tragödie«; gleich-wohl ist es für die analytische Betrachtung durchaus sinnvoll und methodisch legitim, zwischen zwei Bin-nenteilen zu unterscheiden. Jedoch werden hier die beiden Sequenzen so benannt: 1. Fausts Entgren-zungsversuche – 2. Margaretes Tragödie.

Fausts Gelehrtentragödie besteht darin, dass er – in

■ Gelehr-ten- und Gretchen-Tragödie?

Faust scheitert frühzeitig als Wissenschaftler

der Szene »Nacht« – als Wissenschaftler scheitert: Nachdem er alternative Entgrenzungsversuche, alternativ zur Wissenschaft, getestet hat, nämlich die Makrokosmos-Schau, die Erdgeistbeschwörung sowie seine Auslöschung als menschliches Individuum, sieht er ein, dass er als Gelehrter gescheitert ist: »Des Denkens Faden ist zerrissen, / Mir ekelt lange vor allem Wissen.« (V. 1748 f.) Nun richtet er sein Streben auf das nächste Experimentierfeld, die Sexualität: »Lass in den Tiefen der Sinnlichkeit / Uns glühende Leidenschaften stillen!« (V. 1750 f.)

Margaretes Katastrophe

Gretchens Leben dagegen nimmt einen wahrhaft tragischen Verlauf. Am Ende steht der Tod, wie es die klassische Tragödie erfordert; dies gleich vierfach. Faust hingegen trifft ein besseres Geschick. Dieser gibt sich im zweiten Teil der Tragödie (*Faust II*) seinem Lebensdurst hin und erfährt schließlich im Himmel Erlösung.

Der Taufname der Unglücklichen lautet Margarete, ihr vermeintlicher Kosename Gretchen verniedlicht die Figur und wird ihrem Schicksal nicht gerecht. Albrecht Schöne weist in diesem Kontext auf die Bedeutung des Namens hin: »Um sich die Macht der Namens-Aura zu verdeutlichen, versuche man nur, den Vers, den Paul Celan in seiner *Todesfuge* schrieb: ›dein goldenes Haar Margarete …‹ umzudenken in die gängige Diminutiv-Benennung«,[7] eben Gretchen. Daher ist es präziser, von Margaretes Tragödie zu sprechen.

7 Schöne (Anm. 4), S. 192.

Die Binnenhandlung besteht aus 25 Szenen, die ersten sechs handeln durchgehend von Faust: 1. Nacht – 2. Vor dem Tor – 3. Studierzimmer I – 4. Studierzimmer II – 5. Auerbachs Keller in Leipzig – 6. Hexenküche. ■ Die Binnen-handlung

Margaretes Tragödie, die sich mit Fausts Eskapaden und unmoralischen Handlungen überschneidet, enthält 19 Szenen: 1. Straße – 2. Abend – 3. Spaziergang – 4. Der Nachbarin Haus – 5. Straße – 6. Garten – 7. Ein Gartenhäuschen – 8. Wald und Höhle – 9. Gretchens Stube – 10. Marthens Garten – 11. Am Brunnen – 12. Zwinger – 13. Nacht. Straße vor Gretchens Türe – 14. Dom – 15. Walpurgisnacht – 16. Walpurgisnachtstraum oder Oberons und Titanias goldne Hochzeit – 17. Trüber Tag. Feld – 18. Nacht, offen Feld – 19. Kerker.

Offenes Drama

Faust I ist ein offenes Drama, es unterminiert die Regeln des geschlossenen Dramas, das etwa die Einheit von Zeit, Raum und Handlung strikt einhält, ebenso wie die Ständeklausel. Beispielhaft finden wir das geschlossene Drama, das aus fünf Akten besteht, in der französischen Klassik bei Jean Racine (1639–1699), Molière (1622–1673) und Pierre Corneille (1606–1684) und in Deutschland zum Beispiel in Friedrich Schillers *Don Karlos* (1787) oder Goethes *Iphigenie auf Tauris* (1786) und *Torquato Tasso* (1790).

Außerdem entwickelt sich in einer klassischen Tragödie der Handlungsverlauf grundsätzlich so: Exposition (Einführung des dramatischen Konflikts), steigende Handlung (Ausbruch oder Verschärfung des Konflikts), Peripetie (Höhepunkt und oft plötzliche Wendung des Konflikts), retardierendes Moment (dramatisches Ende wird hinausgezögert), Katastrophe (Untergang des Helden). Auch diese Handlungsführung setzt Goethe im *Faust I* nicht konsequent um; so kommt es zum Beispiel am Ende des Dramas nicht zur Katastrophe für Faust, er flüchtet lediglich mit Mephisto. Margarete dagegen wartet auf ihre Hinrichtung, ihr Leben endet, auch wenn ihre Seele von Gott erlöst wird, auf der Erde tragisch. Immerhin hat sie ihre Katharsis, ihre Seelenreinigung, durch ihre Einsicht und ihr Schuldgeständnis erwirkt.

■ »Sturm und Drang«-Anlehnungen

Faust I zeichnet sich gegenüber der klassischen Tragödie durch einen schon fast furiosen Szenenwechsel aus; damit knüpft Goethe an die »Sturm und Drang«-Dramen an und entwickelt diese Tragödienform, die auch klassische Elemente (z. B. »Wald und Höhle«) enthält, weiter, bis hin zu surrealen Sequenzen wie etwa in der »Hexenküche« und in der »Walpurgisnacht«. Auch benutzt Goethe zentrale Begriffe des »Sturm und Drang« kontinuierlich: »Eines dieser drei Wörter: *Gefühl* oder *Herz* oder *Seele* begegnet dem Leser in jeder 46. Vers-Zeile des Ersten Teils [...] – beim Zweiten Teil hingegen nur in jeder 163«.[8]

8 Schöne (Anm. 4), S. 189.

Sprache: Vers- und Strophenformen

Die sprachliche Gestaltung des *Faust I* zeugt mit insgesamt 4612 Versen und rund 60 Prosazeilen von einer erstaunlichen Vielfalt von Vers- und Strophenformen. Goethes Tragödie hat, was die sprachliche Gestaltung angeht – bis auf »Trüber Tag. Feld« – nur noch sehr wenig gemein mit der Sprache der Sturm-und-Drang-Werke, die sich durch kraftstrotzende Prosa auszeichneten. Elegante Versformen waren damals verpönt, weil sie nicht dazu taugten, die Gefühlswelt der Originalgenies angemessen abzubilden.

Erst Gotthold Ephraim Lessing (1729–1781) etablierte 1772 den klassischen Blankvers mit *Emilia Galotti* auf den deutschen Bühnen; auch Goethe dichtete sein Schauspiel *Iphigenie auf Tauris* durchgehend in Blankversen. In Goethes Faustdichtung aber begegnen uns eine Vielzahl von Versformen, der Blankvers auch, aber nur noch an einer Stelle (V. 3217–3250), eine Kostprobe: »Er facht in meiner Brust ein wildes Feuer / Nach jenem schönen Bild geschäftig an.« (V. 3247 f.)

Der Madrigalvers kommt mit 2642 Versen (z. B. V. 33–58 / 75–242) am häufigsten vor, dann folgen – laut Markus Ciupke – unter anderem 527 freie Verse (z. B. V. 3740–3749), die gereimt sind, und 389 Knittelverse (z. B. V. 354–385). Daneben gibt es eine kurze rhythmisierte Prosasequenz in »Trüber Tag. Feld«. Insgesamt listet Ciupke 37 Versformen auf.[9]

9 Im Folgenden beziehe ich mich auf diese Studie: Markus Ciupke, *Des Geklimpers vielverworrener Töne Rausch. Die metrische Gestaltung in Goethes »Faust«.* Göttingen 1994, S. 207–237.

Auch die Strophenformen in *Faust I* bieten Abwechslung: Die Tragödie beginnt mit vier feierlichen Stanzen (V. 1–32). Es gibt Sprech- (V. 243–270) und Liedstrophen wie etwa Mephistos Lied in der Szene »Nacht« (V. 3682–3697).

Lieder/Musik

Die Lieder im Faust tragen zum musikalischen Charakter der Tragödie bei, einige seien erwähnt: Den musikalischen Auftakt bietet der »Chor der Engel« (V. 737–741), dann folgt der »Chor der Weiber« (V. 749–756), danach kommen wieder die Engel (V. 757–761) zu Gehör. Bevor sie dann die musikalische Einlage beenden (V. 797–807), tritt noch der »Chor der Jünger« (V. 785–796) auf.

Das nächste Lied legt Goethe dem Bettler (V. 852–859) in der Szene »Vor dem Tor« in den Mund. Kurz darauf singen die Soldaten (V. 884–902) ein zweistrophiges Lied. In »Auerbachs Keller« gibt es mehrere Liedverse, dort singt zum Beispiel Brander die drei Lutherstrophen (V. 2126–2149), das sogenannte »Rattenlied«, und ein Chor wiederholt jeweils den letzten Vers. Im »Dom« tauchen mehrere Liedverse auf (z. B. V. 3798 f.), die vom Chor gesungen werden.

Ausgesprochen wichtig sind die Lieder, die Margarete singt: Der sechsstrophige »König in Thule« (V. 2759–2782), das zehnstrophige Lied am Spinnrad (V. 3374–3413) und ihr Lied im »Kerker« (V. 4412–4420), das nur aus einer Strophe besteht.

Aber auch Teile des Sprechtextes könnte man musikalisch umsetzen. Dieser musikalische Charakter des *Faust* wird auch immer wieder in der Forschung diskutiert: »Über weite Strecken hin nimmt die *Faust*-Dichtung geradezu Singspielcharakter an, ist als Oratorium angelegt, nähert sich der Oper [...]. Kreutzer [...] berechnet, daß in diesem ›Musikalischen Drama‹ fast 19 Prozent des Ersten und 24 Prozent des Zweiten Teils ›in irgendeiner Form mit Musik gedacht‹ seien.«[10]

■ Musikalische Faustdichtung

Räume im *Faust I*

Die verschiedenen Räume in der Tragödie sind zugleich wichtige Strukturelemente. Alle Ortsangaben haben eine symbolische Bedeutung, die weitere interpretatorische Lesarten des Dramas erschließen, ein paar seien erwähnt. Im »Prolog im Himmel« eröffnet sich dem Leser die unendliche Weite des Kosmos. Aber schon in der folgenden Szene »Nacht« sitzt der verzweifelte Faust »In einem hochgewölbten, engen, gotischen Zimmer«. Diese altertümliche gotische Beengtheit spiegelt auch Fausts Verzweiflung und sein stubenhockerisches und begrenztes Gelehrtendasein wider, aber auch seine Entgrenzungsversuche, die von der hohen Wölbung, die den Blick in den Himmel lenkt, symbolisiert werden. Spiegelbildlich zu dieser Szene spielt sich Margaretes Schicksal

10 Schöne (Anm. 4), S. 19.

ab: Im engen Kerker wartet sie auf ihre Hinrichtung, aber ihre Seele wird erlöst und kommt in den Himmel.

Margaretes »kleines reinliches Zimmer« in der Szene »Abend« ist zwar auch eng, aber für sie ist es – im Gegensatz zu dem gotischen Studierzimmer – ein Rückzugsort, wo sie sich wohlfühlt. In der Gartenszene kommen sich Faust und Margarete näher, der Garten erinnert an das Paradies als Lustort, aber auch an seine Schattenseiten, eben den Sündenfall, den beide noch begehen werden. Das Gartenhäuschen ist in der schöngeistigen Literatur seit der Mitte des 18. Jahrhunderts ein Ort für ein erotisches Stelldichein, aber gleichzeitig auch ein Synonym für die Instabilität von bürgerlichen Tugenden, wie sie Gretchen ursprünglich vertritt.

In »Wald und Höhle« erlebt Faust, mit der Natur vereint, für wenige Momente das ersehnte Glück. Margarete dagegen sitzt in der folgenden Szene in der engen »Stube« und reflektiert ihren Liebeskummer: »Meine Ruh ist hin, / Mein Herz ist schwer« (V. 3374 f.). In dem engen »Zwinger«, in diesem halboffenen Raum, steigert sich Margaretes Verzweiflung noch weiter, und im Dom lässt sich ihr aufkommender Wahnsinn erahnen, der durch die gotische wuchtige Raumstruktur noch erdrückender wirkt. Faust dagegen reist mit Mephisto ins weite, offene »Harzgebirg« zur orgiastischen Walpurgisnacht, dem heidnischen Ort schlechthin. Vom schlechten Gewissen geplagt, macht er auf dem wüsten »Feld«, das seine Verzweiflung spiegelt, Mephisto für Gretchens Schicksal verantwortlich.

Die Räume wechseln im *Faust I* oft zwischen geschlossenen, halboffenen und offenen Räumen, z. B.: … »Nacht«, »Vor dem Tor«, »Studierzimmer I/II« …, »Wald und Höhle«, »Gretchens Stube«, »Marthens Garten«, »Am Brunnen«, »Zwinger«, »Nacht – Straße vor Gretchens Türe«, »Dom«, »Walpurgisnacht«, »Walpurgisnachtstraum«, »Trüber Tag. Feld«, »Nacht, offen Feld« und »Kerker«.

■ Geschlossene, halboffene und offene Räume

5. Quellen und Kontexte

Historia von D. Johann Fausten (1587)

Gotthold Ephraim Lessing beurteilte im Februar 1759 in seinem 17. Literaturbrief den historischen Vorgänger von Goethes *Faust* so: »Und wie verliebt war Deutschland, und ist es zum Teil noch, in seinen ›Doktor Faust‹!« Lessing bezieht sich auf das Faustbuch *Historia von D. Johann Fausten dem weitbeschreyten Zauberer unnd Schwartzkünstler*. Das Buch erschien 1587 in Frankfurt und war ein Bestseller, von dem zahlreiche Neuauflagen und Bearbeitungen auf den Markt kamen.

■ Das Volksbuch nimmt den realen Faust als Vorbild

Das Volksbuch orientiert sich an dem historischen Faust: Johann Georg Faust wurde vermutlich 1480 geboren und starb wohl 1540. Sein Leben soll spektakulär gewesen sein; um ihn rankten sich schon zu Lebzeiten wilde Gerüchte. Er sorgte in der Öffentlichkeit als Scharlatan, Magier, Astrologe, Alchimist, Quacksalber, Zauberer und Wahrsager für Aufsehen. Fausts Taten und Absonderlichkeiten wurden auch in Wittenberg, dem Zentrum der Reformation, diskutiert, etwa in Martin Luthers (1483–1546) Tischreden. Der skurrile Außenseiter soll in Freiburg im Breisgau eines unnatürlichen Todes gestorben sein. Die Legende berichtet, der Teufel habe ihn erwürgt: »Es ließ sich sehen, als wenn ob dem Zirkel ein Greif oder Drach schwebet und flatterte […]. Bald darauf ändert sich der Teufel und Geist in Gestalt eines grauen Mönchs«.

Welcherlei Gestalt der Teufel Fausto erscheinet.

Abb. 4: Moderne Bleistiftzeichnung (1981) von Heinz Zander zur *Historia von D. Johann Fausten*

Im Volksbuch (1587) gerinnt – neben Zaubersagen, Schwänken und Gerüchten – das spektakuläre Leben des historischen Faust zu einem protestantischen Mahnmal, einem Warn-Text für das gläubige Volk. Schon das Titelblatt redet Klartext: »Wie er sich gegen dem Teufel auf eine benannte Zeit verschrieben / [...] / bis er endlich seinen wohl verdienten Lohn empfangen [...] / allen hochtragenden, fürwitzigen und gottlosen Menschen zum schrecklichen Beispiel / abscheulichen Exempel und treuherziger Warnung«.[11]

Das Volksbuch dürfte bei den Menschen, deren Alltag auch noch im Spätmittelalter immens von der Religion mit all ihren Kontexten – etwa der vermeintlichen Realität des Teufels – bestimmt wurde, Spuren hinterlassen haben. Gleichwohl dürften die Schattenseiten des Faust, sein Pakt mit dem Teufel und seine windigen Abenteuer, auf die zeitgenössischen Leser einen gewissen Reiz ausgeübt haben; schließlich konnte der Doktor der Theologie sich stellvertretend für sie in der literarischen Fiktion austoben.

■ Die Schattenseiten des Teufels im 16. Jahrhundert

Faust, der Bauernsohn, studiert, promoviert zum »Doctor Theologiae«, schwört der Religion ab und studiert in Krakau Magie, geht einen Pakt mit dem Teufel ein, diskutiert ausgiebig mit ihm, berichtet über die Entstehung von Himmel und Hölle, von seinen Episoden an adeligen Höfen und von seinem Besuch in der Hölle, von seinem Diener Wagner und

11 *Historia von D. Johann Fausten dem weitbeschreyten Zauberer und Schwarzkünstler*, hrsg. von Richard Benz, Stuttgart 2011.

endet schließlich grausam, wie seine Studenten berichten: »Sie sahen aber keinen Faustum mehr, und nichts, denn die Stuben voller Bluts gesprützet. Das Hirn klebte an der Wand, weil ihn der Teufel von einer Wand zur andern geschlagen hatte.«[12]

Goethe und die Stürmer und Dränger waren von Faust fasziniert, weil er sich über religiöse und gesellschaftliche Schranken rebellisch hinwegsetzte und keinen Wert auf jenseitige Erfüllung, also sein Seelenheil, legte. Vielmehr gab sich der spätmittelalterliche Gelehrte dem sinnlichen Genuss hin und trat als Mann der Tat und selbstbewusster Intellektueller auf, der die Stürmer und Dränger sicherlich an ihr Vorbild Prometheus erinnerte, der auch alle Grenzen überschritt und sich als autonomes Wesen definierte.

■ Faust als Vorbild für die Stürmer und Dränger

Fausts antidogmatisches und antiautoritäres Verhalten war sicherlich auch der Reformationszeit geschuldet, bot indes den Stürmern und Drängern ein gehöriges Maß an Identifikationspotenzial in ihrem Kampf gegen die absolutistische Ständegesellschaft.

Faustbücher in der Nachfolge von der *Historia von D. Johann Fausten*

Faust erweist sich als ein Erfolgsmodell: Schon 1589 wurde das Faustbuch durch mehrere neue Geschichten – etwa Fausts Ritt auf dem Fass – erweitert. 1593 kamen noch ein paar Episoden zu Wagner hinzu. 1599

12 *Historia von D. Johann Fausten* (Anm. 11), S. 150 f.

erschien die Neubearbeitung von G. R. Widmann, er flankierte das Leben des Gelehrten mit Daten, um seine Geschichte glaubwürdiger erscheinen zu lassen, und das Eheverbot nahm er in den Teufelspakt auf, eliminierte indes Fausts erotische Eskapaden.

■ Christopher Marlowes Faust

Ab dem Ende des 16. Jahrhunderts wurde der Faust in England auf der Bühne gespielt: Christopher Marlowes *Die tragische Historie vom Doktor Faustus* heimste beim Publikum viel Applaus ein.

Marlowes Schauspiel stellt Faust als skrupellos, machtbesessen und genusssüchtig vor, er strebt aber auch nach Wissen und Schönheit. Er steht im Kontext zwischen guten und bösen Engeln, zwischen Reue und Sünde, zwischen Bibel und Magie. Sein Auftaktmonolog erinnert an Goethes Monolog (V. 354 ff.) in *Faust I*, so heißt es bei Marlowe: »Genug studiert, Faust! / Zieh erst einmal das Fazit und sondiere / die Tiefe des Erreichten und Gewollten! / Als Theolog' begannst du, bleib's nach außen, / doch ziel drauf ab, das Höchste und den Sinn / jedweder Kunst zu eigen dir zu machen«.[13]

■ Goethes Begegnungen mit Faust

1674 erschien Johann Nikolaus Pfitzers überarbeitete Version von Spies' Volksbuch, die Goethe wohl als Kind in einer gekürzten Fassung gelesen hat. In Pfitzers Buch taucht auch wieder die schöne Helena auf, die in *Faust II* eine gewichtige Rolle spielt, und dort ist auch von der Liebe zu einer Magd die Rede.

Goethe hat als Kind eine der Puppenspielfassungen

13 Christopher Marlowe, *Die tragische Historie vom Doktor Faustus*, Stuttgart 1985, S. 6.

des Marloweschen Dramas, die seit 1746 belegt sind, in Frankfurt gesehen und war sicherlich von Fausts titanischem Auftreten und der Melancholie des Teufels beeindruckt. Auch kannte Goethe Lessings *Faust*-Fragment (1759) und seine Notizen; hier stellt der Dichter eine neue Lesart in Aussicht: Faust könnte von Gott gerettet werden.

Kindsmord

Als eine Quelle für die Figur Margaretes diente Goethe die Dienstmagd Susanna Margaretha Brandt (1746–1772), die ihren Säugling unmittelbar nach der Geburt umgebracht hatte und dafür am 14. Januar 1772 mit dem Schwert hingerichtet wurde. Der junge Jurist Goethe verfolgte in Frankfurt den Prozess gegen sie.

Der Kindsmord wurde während der »Sturm und Drang«-Epoche von den jungen Dichtern engagiert diskutiert und literarisch umgesetzt: So erschien zum Beispiel 1776 Heinrich Leopold Wagners (1747–1779) Text *Die Kindsmörderin – Ein Trauerspiel,* und Friedrich Schiller (1759–1805) veröffentlichte 1782 sein Gedicht *Die Kindsmörderin.*

Als Kindsmörderin galten Frauen, die ihr neugeborenes Kind, das unehelich und nicht getauft war, umbrachten. Es handelte sich dabei oft um Bauern- und Dienstmägde, die sich von Männern verführen ließen – in der Hoffnung auf eine Ehe. Diese Frauen verheimlichten ihre Schwangerschaft, weil sie die brutale gesellschaftliche Ächtung fürchteten und sahen als einzigen Ausweg die vorsätzliche Tötung. Auf dieses Verbrechen stand ab dem 16. Jahrhundert die Todesstrafe: »Gemäß der *Carolina* (der *Peinlichen Gerichtsordnung* Karls V. von 1532, noch im 18. Jh. Grundlage der Rechtsprechungspraxis im Deutschen Reich) wurde sie durch Lebendigbegraben oder Pfählen vollstreckt. Als milderer Vollzug galt das Ertränken, als Gnadenakt die zunehmend übliche Enthauptung durch das Schwert.«[14]

Die Mehrzahl der Frauen, zumeist aus den armen Volksschichten, die ein uneheliches Kind bekamen, wurde öffentlich entehrt und vor der gesamten Kirchgemeinde bloßgestellt. Frauen, die Geld besaßen, konnten sich durch eine Kirchbuße freikaufen; den Ärmeren hingegen blieb oft nur ein Ausweg: Sie mussten sich als Prostituierte durchschlagen. Dieses Schicksal prophezeit auch Margaretes Bruder Valentin seiner Schwester: »Du fingst mit Einem heimlich an, / Bald kommen ihrer mehre dran, / Und wenn dich erst ein Dutzend hat, / So hat dich auch die ganze Stadt.« (V. 3736–3739)

Intertextuelle Bezüge

Goethe nimmt in beiden Faustteilen Bezug auf eine Vielzahl anderer literarischer und religiöser Texte, er tritt mit ihnen in einen Diskurs, schreibt sie um, modernisiert oder parodiert sie, und zuweilen gewinnt er

---

14 Schöne (Anm. 4), S. 196.

ihnen neue Interpretationsaspekte ab. Sein *Faust* ist kein autonomer Tragödienblock, sondern er besteht aus einem Netz intertextueller Anleihen. Die Literaturwissenschaft beschäftigt sich schon seit den sechziger Jahren mit Intertextualität: »Der Begriff ›Intertextualität‹ impliziert, daß jeder Text über seine Grenzen hinausführt, ein Zusammenspiel und eine Kombination einer Vielzahl von Texten darstellt. Die Formen dieser Auseinandersetzung [...] sind entscheidend für die Konstitution des jeweiligen literarischen Textes«.[15] Goethe bedient sich auf vielgestaltige Weise aus der Weltliteratur, – es wäre für einen Forscher eine Sisyphusarbeit, wenn er jeden Subtext erforschen wollte. Drei intertextuelle Anleihen seien vorgestellt.

So orientiert sich Goethe zum Beispiel bei der vermeintlichen Wette Mephistos mit Gott am Buch Hiob aus dem Alten Testament. Hiob war ein gottesfürchtiger Mann, der sieben Söhne und drei Töchter hatte. Er war ein reicher Bauer, lebte trotzdem genügsam und mied das Böse. Schließlich taucht der Teufel bei Gott auf: »Der Herr sprach zu Satan: Hast du nicht achtgehabt auf meinen Knecht Hiob? Denn es ist seinesgleichen nicht im Lande, schlecht und recht, gottesfürchtig und meidet das Böse.« Der Teufel ist davon überzeugt, dass Hiob Gott entsagen wird, wenn er ihm alle seine Güter, seine Familie, sein Vieh und auch seine Gesundheit nimmt. Der Herr geht schließ-

■ Die Wette im Buch Hiob

15 Volker Roloff, *Sartre contra Sartre. Überlegungen zur Sartre-Kritik von Sábato*, in: *Jean-Paul Sartre*, hrsg. von Rainer E. Zimmermann, Cuxhaven 1989, S. 97.

lich auf seine Wette ein: »Siehe, alles, was er hat, sei in deiner Hand; nur an ihn selbst lege deine Hand nicht. Da ging der Satan aus von dem Herrn.«[16]

Goethe spielt mehrmals auf Homers Epos *Die Odyssee* (spätestens um 700 v. Chr.) an. Schon in der »Zueignung« taucht eine Spur auf: »Wie ihr aus Dunst und Nebel um mich steigt« (V. 6). Als Odysseus im »Elften Gesang« in der Unterwelt die Toten beschwört, steigen ihre »Schatten« wie aus Dunst und Nebel zu ihm auf.

■ Margarete und die Heilige Margareta von Antiochia

In der letzten Szene des *Faust I*, im Kerker, gibt es einen bedeutenden Bezug zu der heiligen Margareta von Antiochia, die an der Wende vom 3. zum 4. Jahrhundert gelebt hat. Ihr Schicksal wird unter anderem in dem Buch *Chorus Sanctorum Omnium* (1563) vorgestellt, das Buch besaß Goethe. Die Parallelen zu seiner Kerkerszene – neben etlichen anderen Stellen dort – sind offensichtlich; ein Drache, der Teufel, taucht im Kerker auf und Margareta von Antiochia erfleht Gottes Hilfe: Sie fiel »auff jre knie zu erden […] rekket aus jre hende / sucht rettung allein bey Gott im Hymmel«. Goethes Margarete lehnt sich an ihr ›Vorbild‹ an: »Dein bin ich, Vater! Rette mich!« (V. 4607)

16 *Die Bibel oder die ganze Heilige Schrift des Alten und Neuen Testaments nach der deutschen Übersetzung Marthin Luthers*, Stuttgart 1951, S. 519.

6. Interpretationsansätze

Am 1. Juni 1831 schrieb Goethe seinem Freund Carl Friedrich Zelter (1758–1832), dass Faust »ein offenbares Rätsel bleibe, die Menschen fort und fort ergötze und ihnen zu schaffen mache«. *Faust I* provoziert bis in die Gegenwart hinein immer wieder neue Lesarten und Interpretationen. Die folgende Analyse orientiert sich an der Struktur der Tragödie, den drei zentralen Handlungsabschnitten: 1. Drei Prologe – 2. Fausts Entgrenzungsversuche – 3. Margaretes Tragödie. Die 28 Szenen des ganzen Stückes sollen dabei mehr oder weniger ausführlich – je nach Bedeutung für den Unterricht – interpretiert werden.

Die drei Prologe

Zueignung. In der »Zueignung«, der Widmung an seine Faust-Dichtung und seine Rezipienten, berichtet der Dichter in feierlichen Stanzen, dass sich ihm abermals »schwankende Gestalten« (V. 1) nähern, die sich schon »früh [...] dem trüben Blick gezeigt« (V. 2). Diese »Gestalten«, die Goethe schon im fragmentarischen *Urfaust*, ungefähr ab 1772, schriftlich fixiert hatte, drängen sich ihm nun wieder auf und wollen vollendet werden.

Der Dichter ist emotional tief ergriffen und erinnert sich an »die Bilder froher Tage« (V. 9), an erste Liebschaften und Freunde, die zum Teil schon verstorben sind und früher seinen ersten Faustlesungen

(V. 17–20) lauschten. Er bedauert, dass sie nun *Faust I* – »die folgenden Gesänge« (V. 17) – nicht hören können, und ihm ist bange vor dem anonymen Publikum und seinem »Beifall« (V. 22).

Gleichwohl sehnt der Dichter sich nach »jenem stillen […] Geisterreich« (V. 26), den nordischen Faust-Figuren, und beschließt, sein Werk zu vollenden: »Und was verschwand wird mir zu Wirklichkeiten.« (V. 32)

Die »Zueignung« dient nicht nur der Widmung, sie hat noch eine andere Funktion: Sie impliziert, dass die Tragödie ein dichterisches Produkt ist, ein Spiel der poetischen Phantasie.

Vorspiel auf dem Theater. Den zweiten Prolog, das »Vorspiel auf dem Theater«, verfasste Goethe 1798. Im Unterschied zur »Zueignung«, die sich im Kopf des Dichters abspielt, diskutieren nun Direktor, Theaterdichter und die lustige Person über die reale Theaterwelt. Den Direktor interessiert schlicht nur der ökonomische Erfolg eines Schauspiels, was sich auch in den einfachen Madrigalversen spiegelt – im Unterschied zu den feierlichen Stanzen des Dichters in der »Zueignung«.

■ Der Theater-
dichter

Der Theaterdichter dagegen nimmt den Ton des ersten Prologes auf und spricht standesgemäß, zumindest zu Beginn des Dialoges, in Stanzen (V. 59–74). Er will nicht für ein Massenpublikum schreiben, das keinen Wert auf die Qualität eines Schauspiels legt, vielmehr mit oberflächlichen Darbietungen zufrieden ist. Der Dichter hat mit seinem Kunstwerk anderes im Sinn, er schafft für die Ewigkeit: »Was glänzt ist für den Augenblick geboren; / Das Echte bleibt der Nachwelt unverloren.« (V. 73 f.)

Die lustige Person, ein Schauspieler, denkt nicht in solchen zeitlichen Dimensionen, er möchte sofort der »Mitwelt Spaß« (V. 77) bereiten, und zwar aus einer komödiantischen Mischung aus Liebe, Leidenschaft, Heiterkeit, Leichtigkeit des Spiels, Vernunft und Irrtum. Er rät dem Dichter, seinen Stoff mitten aus dem Leben zu greifen: »Greift nur hinein ins volle Menschenleben! / Ein jeder lebt's, nicht vielen ist's bekannt, / Und wo ihr's packt, da ist's interessant.« (V. 167–169)

■ Der Schauspieler

Alle drei Positionen haben in der Theaterwelt ihre Berechtigung: Die pragmatische des Direktors und des Schauspielers, aber auch die ästhetische des Dichters, der sich übrigens im Dialog an das Versniveau der beiden Männer anpasst, er spricht nun auch in Madrigalversen.

Am Ende des Prologes leitet der Direktor den *Faust I*, Goethes Stück, ein und verdeutlicht den illusionären Charakter der Tragödie, die in Distanz zum realen Alltag steht: »So schreitet in dem engen Bretterhaus / Den ganzen Kreis der Schöpfung aus, / Und wandelt mit bedächt'ger Schnelle / Vom Himmel durch die Welt zur Hölle.« (V. 239–242)

■ Die Tragödie, ein fiktives Spiel

Prolog im Himmel. Die dritte Einleitung, der »Prolog im Himmel«, bildet den religiösen Rahmen von *Faust I/II*. Gott beobachtet aus dem Himmel das Treiben auf der Erde, um am Ende über Faust zu richten. Der Prolog beginnt mit dem oratoriumsartigen Lobgesang der drei Erzengel über die göttliche Weltordnung. Michael beschreibt zum Beispiel den harmonischen Gang der Sonne, die zusammen mit den Planeten – in »Brudersphären Wettgesang« (V. 244) – sich um ihr gemeinsames Zentrum, das Zentralfeuer, bewegt. Die Gestirne bewegen sich nach dem pythagoreischen Weltbild auf Kugelschalen, den Sphären, die in bestimmten musikalischen Intervallen zueinander verlaufen und die Sphärenmusik erzeugen. Diese Weltordnung ist dem Gesetz des ständigen Werdens unterworfen und die Erde ist vom Wechsel zwischen Licht und Dunkel und den Naturgewalten geprägt. Die göttliche Ordnung, die Faust so gerne entschlüsseln würde, bleibt indes selbst den Engeln verschlossen: »Da keiner dich ergründen mag, / Und alle deine hohen Werke / Sind herrlich wie am ersten Tag.« (V. 268–270)

Der Teufel und Gott

Als Mephisto, der das Loblied der Engel gehört hat, mit Gott spricht, wischt er mit einer ironischen Geste die gesamte Kosmologie zur Seite: »Von Sonn' und Welten weiß ich nichts zu sagen« (V. 279). Stattdessen lästert er über die Menschen, die seien lediglich triebgesteuerte Wesen, und die Vernunft sei lediglich eine Fassade. Gott widerspricht, indem er auf Faust verweist, seinen »Knecht« (V. 299). Dieser Begriff meint nicht nur eine Stellung als Diener. Im Alten Testament werden so auch Personen bezeichnet, die von Gott auserwählt sind, wie Moses oder David.

Faust ist zwar noch in sich gespalten, weil zwei Seelen in seiner Brust wohnen: »Vom Himmel fordert er die schönsten Sterne« (V. 304), also wissenschaftliche Erkenntnis, und »von der Erde jede höchste Lust« (V. 305), sprich sexuelle Befriedigung. Aber der Herr wird »ihn bald in die Klarheit führen« (V. 309), weil er weiß, dass Faust, auch wenn er sich zuweilen irrt, nicht abtrünnig wird: »Ein guter Mensch in seinem dunklen Drange / Ist sich des rechten Weges wohl bewusst.« (V. 328 f.)

■ Fausts zwei Seelen

Der Teufel glaubt aber trotzdem, dass er Faust vom rechten Weg abbringen kann, deshalb bietet er Gott eine Wette an: »Was wettet Ihr?« (V. 312) Der Herr aber geht gar nicht darauf ein, er erlaubt ihm lediglich, den Gelehrten auf die schiefe Bahn (V. 323–326) zu locken, und Gott erlaubt es ihm sogar, weil der Teufel als Bestandteil des Weltganzen dafür zuständig ist, die Menschen zuweilen anzustacheln: »Drum geb ich gern ihm den Gesellen zu, / Der reizt und wirkt, und muss, als Teufel, schaffen.« (V. 342 f.) Mephisto ist sich nicht darüber im Klaren, dass er keine Chance hat, die vermeintliche Wette zu gewinnen. In dem teuflischen Experiment, den Faust zu verführen, darf der Böse, so Gott, sowieso »nur frei erscheinen« (V. 336). Mephisto steht deshalb schon zu Beginn der Tragödie als Verlierer fest.

■ Es gibt keine Wette zwischen Mephisto und Gott

Fausts Entgrenzungsversuche (Gelehrtentragödie)

Nacht. Im Kontrast zu der himmlischen Sphäre steht nun die Szene »Nacht«, die uns den verzweifelten und unruhigen Faust in seiner bedrückenden Studierstube, einem »engen, gotischen Zimmer«, präsentiert. Die dunkle Nacht korrespondiert mit seiner düsteren Stimmung, der »hochgewölbte[ ]« Raum dagegen verweist auf den Himmel, wohin Faust auf der Suche nach göttlicher Weisheit streben möchte, er aber befindet sich am unteren Ende der Skala, eben, so die Regieanweisung, »*auf seinem Sessel am Pulte*«.

In seinem Monolog (V. 354–481), der aus Knittelversen besteht, klagt der einsame Doktor sein Leid: Er hat zwar eifrig die vier scholastischen Fakultäten studiert, Philosophie, Jura, Medizin und Theologie, aber sein Fazit ist eine Bankrotterklärung: »Da steh ich nun, ich armer Tor! / Und bin so klug als wie zuvor« (V. 358 f.).

Da die rationale Wissenschaft für Faust kein Hilfsmittel mehr ist, um seine Ziele zu erreichen, greift er zu einer antirationalen Strategie: Der Gelehrte verschreibt sich der Magie und seinem ersten Entgrenzungsversuch. Er bewundert das »Zeichen des Makrokosmos« (V. 430–459), eine geometrisch-magische Figur, die zeigt, wie alles miteinander verwoben ist: Planeten, Himmel, Hölle, Teufel, Engel und Menschen. Aber die nachdenklich in sich gekehrte Betrachtung der ersehnten Ganzheit, wie sie später auch

■ Erster Entgrenzungsversuch

der Sturm und Drang einfordert, genügt Faust nicht: »Welch Schauspiel! aber ach! ein Schauspiel nur!« (V. 454)

Er möchte die Natur leibhaftig spüren, deshalb beschwört er wie ein Zauberer leidenschaftlich den Erdgeist. Das wirkende Prinzip des Weltganzen beschreibt sich selbst so: »In Lebensfluten, im Tatensturm / Wall ich auf und ab, / Wehe hin und her! [...] So schaff ich am sausenden Webstuhl der Zeit / Und wirke der Gottheit lebendiges Kleid.« (V. 501–509) Aber Faust erträgt den Anblick dieser vitalen Naturkraft, den elementaren Ausdruck reinen Lebens, nicht, er wendet sich ab und bricht zusammen. Sein Versuch, ein titanischer Übermensch zu werden, ■ Zweiter Entscheitert radikal und obendrein tritt jetzt sein Famulus Wagner auf, ein strebsamer und selbstzufriedener, aber engstirniger Wissenschaftler, Fausts Gegenstück *par excellence*.

■ Zweiter Entgrenzungsversuch

Als der verzweifelte Faust wieder allein in seinem engen Studierzimmer ist, gesteht er sich ein, dass er dem Erdgeist nicht standhalten konnte; von seiner vermeintlichen Göttlichkeit, die er euphorisch herbeiphantasiert hatte, ist nun keine Rede mehr: »Dem Wurme gleich ich, der den Staub durchwühlt« (V. 653). Und diese Fallhöhe kann Faust nicht ertragen.

Er sieht nur noch *einen* Ausweg, den Freitod. Aber ■ Dritter Entin dem Augenblick, wo er die Giftschale an den Mund setzt, erklingen die Osterglocken. Diese Töne lassen ihn in Kindheitserinnerungen schwelgen, und er bricht den Versuch ab. Die Osterglocken, welche zur

■ Dritter Entgrenzungsversuch: Selbstmordversuch

63

Feier der Auferstehung Jesu läuten, verhelfen Faust zu einem Neubeginn.

Vor dem Tor. Die Szene »Vor dem Tor« kontrastiert die Enge der Gelehrtenstube mit der weiten Natur. Faust und sein Famulus Wagner mischen sich unter das gewöhnliche und festlich gestimmte Volk, das sich für den Osterspaziergang würdig gekleidet hat: Handwerksburschen, Schüler, Bürgermädchen, Bürger, ein Bettler, Soldaten und Bauern kreuzen die Wege der beiden Wissenschaftler.

In dieser Szene wird auch Margaretes Schicksal angedeutet: Eine alte Kupplerin, die an Marthe erinnert, möchte zwei Bürgermädchen mit Männern verkuppeln: »Und was ihr wünscht das wüsst ich wohl zu schaffen.« (V. 875) Aber eine von ihnen erkennt die Gefahr, die von dieser Frau ausgeht: »ich nehme mich in Acht / Mit solchen Hexen öffentlich zu gehen« (V. 876 f.); ließe man sich auf sie ein, so wie Margarete, droht die Ächtung, zumal die Männer nicht immer treu sind und die Frauen verlassen: »Wie mancher hat nicht seine Braut / Belogen und betrogen!« (V. 974 f.)

Fausts neu erwecktes Lebensgefühl spiegelt sich in der Natur wider, die wie er aufblüht: »Vom Eise befreit sind Strom und Bäche / Durch des Frühlings holden, belebenden Blick; / Im Tale grünet Hoffnungs-Glück« (V. 903–905). Der gesamte Monolog, der sich über 38 Verse erstreckt, die allesamt vierhebig sind und freie Reimstellungen besitzen, scheint für ihn auf den ersten Blick eine Befreiung zu sein, vielleicht ge-

Abb. 5: Vor dem Tore. Zeichnung von August von Kreling, ca. 1875

hört auch Fausts nachdenkliche Betrachtung der Spaziergänger hinzu, denn für die gilt: »Hier bin ich Mensch, hier darf ich's sein.« (V. 940) Aber der Gelehrte kommt lediglich nach der furchtbaren Nacht ein wenig zur Ruhe. Das zufriedene Volk übernimmt eine andere Rolle, es ist das Gegenstück zu Fausts ambivalentem Charakter, der zwischen extremen Gefühlen und Gedanken, zwischen tiefster Verzweiflung und euphorischen Allmachtsphantasien hin und her pendelt.

Sein Famulus Wagner dagegen verabscheut das fröhliche Volk, er verkörpert eben einen selbstgenügsamen Gelehrten, der am liebsten in der Stube sitzt und studiert: »Wie anders tragen uns die Geistesfreuden, / Von Buch zu Buch, von Blatt zu Blatt!« (V. 1104 f.)

Als Faust von einem alten Bauern zu einem Getränk eingeladen wird, gesellt Wagner sich zu ihnen. Das Volk lobt Faust und dessen Vater, der Arzt war, weil beide sie während der Pestepidemie (V. 993–1006) vor Jahrzehnten versorgt hatten.

Faust ist diese Huldigung aber unangenehm, selbstkritisch klagt er sich und seinen Vater, »ein[en] dunkle[n] Ehrenmann« (1034), an. Der Vater war ein übler Alchimist, der den kranken Menschen mithilfe seines Sohnes gewissenlos schädliches Gebräu verabreicht hatte. Faust bekennt sich zu seiner Schuld: »Ich habe selbst den Gift an Tausende gegeben, / Sie welkten hin, ich muss erleben / Dass man die frechen Mörder lobt.« (V. 1053–1055)

■ Faust und sein Vater als »Mörder«

Gleichwohl schlägt Fausts Stimmung bei der Betrachtung des Sonnenuntergangs um, er sehnt sich nach der ewigen Schönheit, die ihm die Natur offenbart. Er wünscht sich Flügel, mit denen er sich in den Himmel erheben möchte, eine Entgrenzungsphantasie, die seinen Lebenshunger stillen könnte: »Nicht hemmte dann den göttergleichen Lauf« (V. 1080). Außerdem beschwört er die vier Winde, die »Geister [...] der Luft« (V. 1118), die das Elementare, die Allheit des Lebens, symbolisieren. Hier könnte Faust die erstrebte Ganzheit, die Einheit mit der Natur, erleben: »Und führt mich weg, zu neuem buntem Leben!« (V. 1121)

Die ersehnten Luftgeister tauchen zwar nicht auf, aber ein Pudel, der Kreise um die beiden Männer zieht. Der pragmatische Wagner sieht nur einen herkömmlichen Pudel, sein Mentor dagegen ahnt, dass etwas anderes in dem Tier steckt: »Mir scheint es, dass er magisch leise Schlingen / Zu künft'gem Band um unsre Füße zieht.« (V. 1158 f.) In dem Pudel steckt auch wirklich der Teufel, der Faust bis zum Ende der Tragödie auf sinnliche und kriminelle Abwege bringen wird.

■ Erster Auftritt des Teufels als Pudel

Studierzimmer I. Die beiden Männer nehmen den Pudel mit und betreten gemeinsam in »Studierzimmer I« die Gelehrtenstube. Dort wendet sich Faust, der noch am Ende des Spaziergangs von seiner Triebhaftigkeit geplagt wurde, der Religion zu und hofft, dort Trost und Halt zu finden: »Wir lernen das Überirdische schätzen, / Wir sehnen uns nach Offenba-

rung« (V. 1216 f.). Faust versucht, seine unterdrückte
Triebhaftigkeit zu sublimieren, d. h. auf eine höhere
Ebene zu erheben: Er schlägt das Neue Testament auf,
um den griechischen Text zu übersetzen. Aber er
stockt schon beim ersten Satz: »im Anfang war das
Wort!« (V. 1224) Er ersetzt »Wort« durch »Sinn«, dann
durch »Kraft«, und schließlich notiert er zufrieden:
»im Anfang war die *Tat*!« (V. 1237) Diese Übersetzung
kommt Fausts Verlangen am nächsten, denn er möchte endlich – durchaus in der Manier der Stürmer und
Dränger – zur Tat schreiten, kein Wort-Gelehrter
mehr sein und das pralle Leben genießen, damit er
aus seiner engen Studierstube und seinem Gelehrtendasein in neue Bereiche entfliehen kann. Das Wort
»Tat« ist dann auch das Stichwort für den Pudel, der
sich bellend zu Wort meldet.

Dass es hier nicht mit rechten Dingen zugeht, erkennt Faust sofort: »Welch ein Gespenst bracht ich ins
Haus!« (V. 1253) Der Gelehrte beschwört den Hund
magisch: »Salamander soll glühen, / Undene sich
winden, / Sylphe verschwinden, / Kobold sich mühen.« (V. 1273–1276) Schließlich verwandelt sich der
Pudel in den Teufel und stellt sich widersprüchlich
vor: Er sei »Ein Teil von jener Kraft, / Die stets das
Böse will und stets das Gute schafft.« (V. 1335 f.) So hat
Gott ihn im »Prolog im Himmel« definiert (V. 338–
343). Dann bezeichnet er sich als »Geist der stets ver-
neint!« (V. 1338) Obendrein verdreht er die Schöp-
fungsgeschichte, um seine Macht zu demonstrieren:
»Ich bin ein Teil des Teils, der anfangs alles war, / Ein

**Faust be-
schwört
den Pudel
magisch**

Teil der Finsternis, die sich das Licht gebar« (V. 1349 f.).
Faust aber durchschaut Mephisto, der könne als »Teil
des Teils« sowieso nichts »im Großen [...] vernichten«
(V. 1360).

Der Teufel gibt auch eine Schwäche zu: Seit Ewig-
keiten schikaniert er die Menschen und bringt sie ins
Grab, aber bekommt sie nicht in den Griff: »Und immer zirkuliert ein neues, frisches Blut. / So geht es
fort, man möchte rasend werden!« (V. 1372 f.)

■ Mephistos
Dilemma

Faust kann diesen teuflischen Gesellen nicht ernst
nehmen, und seine Verwunderung vergrößert sich,
als der Teufel ihn bittet, aus seiner Stube gehen zu
dürfen. Ein unsauber gezeichnetes Pentagramm an
der Tür, wo der Pudel hereingekommen ist, bannt ihn
vorerst im Studierzimmer fest. Faust schmunzelt:
»Und mein Gefangner wärst denn du? / Das ist von
ohngefähr gelungen!« (V. 1404 f.) Der Teufel indes
muss gestehen, dass er sich auch seinerseits an Regeln halten muss: »'s ist ein Gesetz der Teufel und
Gespenster: / Wo sie hereingeschlüpft, da müssen
sie hinaus.« (V. 1410 f.) Faust ist begeistert, weil die
höllischen Genossen auch »Rechte« (V. 1413) haben,
deshalb fragt er Mephisto, ob er einen »Pakt« (V. 1414)
mit ihm schließen könne. Aber der Teufel hat vorerst
anderes im Sinn: Er beschwört die Geister, die Faust
in Schlaf versetzen, und schließlich gelingt es ihm
mit Hilfe einer Ratte zu fliehen. Als Faust erwacht, ist
sein Überlegenheitsgefühl dahin, er fühlt sich hinter-
gangen und vermutet, er habe nur vom Teufel ge-
träumt.

Studierzimmer II. Dort verschärft sich Fausts existenzielle Krise abermals; ihm wird klar, dass er »zu alt« ist, um »nur zu spielen« und »Zu jung, um ohne Wunsch zu sein.« (V. 1546 f.) Er verflucht sein Leben, weil er immer nur entbehren muss und keiner seiner Wünsche in Erfüllung geht, einzig der Tod käme ihm gelegen: »Der Tod erwünscht, das Leben mir verhasst.« (V. 1571) Doch der Teufel rät vom Freitod ab und kann es sich nicht verkneifen, den Gelehrten an seinen Selbstmordversuch zu erinnern.

■ Der Gelehr-
te verflucht
das Leben

Faust platzt der Kragen, und er steigert sich in eine Verfluchungsorgie hinein, die radikaler nicht enden könnte, eben mit der Absage an die drei elementaren christlichen Tugenden (Glaube, Liebe und Hoffnung): »Fluch sei dem Balsamsaft der Trauben! / Fluch jener höchsten Liebeshuld! / Fluch sei der Hoffnung! Fluch dem Glauben, / Und Fluch vor allen der Geduld!« (V. 1603–1606) Der Freitod kommt indes für den Verzweifelten nicht in Frage, dafür sorgt ein Geisterchor, der entweder von Mephisto angespornt wurde – »Von den Meinen« (V. 1628) – oder Fausts innere Stimme ist, die zunächst seine zerstörerische Tat bilanziert: »Du hast sie zerstört, / Die schöne Welt« (V. 1608 f.). Die Geister schlagen Faust aber wohlwollend vor, er solle eine neue Welt für sich selbst errichten, eine selbstzentrierte, die sich signifikant von seiner alten Welt unterscheidet: »In deinem Busen baue sie auf!« (V. 1621)

Gleichsam als Experimentierfeld für den Neuaufbau nimmt der Gelehrte die sinnliche Lebenswelt ins

Visier – dort konnte er sich bisher noch nicht austoben. Aber Faust, der noch kurz zuvor Gefallen an der
»Tat« fand, ist nicht in der Lage, tatkräftig den Rat-
schlag des Chors umzusetzen.

Hier kommt nun der Teufel ins Spiel, der dem Dok-   ■ Teufelspakt
tor seine Dienste anbietet: »Doch willst du, mit mir
vereint, / Deine Schritte durchs Leben nehmen, / So
will ich mich gern bequemen / Dein zu sein, auf der
Stelle.« (V. 1642–1645) Dieses Angebot hat jedoch seinen Preis, der Teufel bietet Faust seine Dienste im Ir-
dischen an, aber im Jenseits sollen die Rollen ge-
tauscht werden: »So sollst du mir das Gleiche tun.«
(V. 1659) Faust aber ist das Jenseits gleichgültig, auch
seine Seele, die dann in die Hölle käme, kümmert ihn
nicht. Die Wette verliert Faust ja ohnehin nicht – das
hat Gott schon im »Prolog im Himmel« festgelegt –
zudem ist Fausts Forderung an den Teufel völlig un-
realistisch: »Kannst du mich schmeichelnd je belügen / Dass ich mir selbst gefallen mag, / Kannst du
mich mit Genuss betriegen; / Das sei für mich der
letzte Tag! / Die Wette biet ich!« (V. 1694–1698) Der
Doktor weiß, dass sein Streben niemals zur Ruhe
kommt, seine elementare Antriebsfeder, seine »Zwei
Seelen« (V. 1112), die triebhafte und die erkenntnis-
hungrige, kommen nicht zur Ruhe, ihr Wechselspiel
ermöglicht erst seine umtriebige Existenz.

Gleichwohl geht er die Wette ein, um das Experimentierfeld des sinnlichen Lebens bis über seine
Grenzen hinaus zu erproben, nun endlich ist er bereit: »Stürzen wir uns in das Rauschen der Zeit«

(V. 1754). Der Teufel dagegen schätzt die Wette falsch ein, weil er die Menschen nur als Triebwesen (V. 284–289) definiert und Fausts Erkenntnisdrang unterschätzt. Mit dem Teufelspakt endet die Karriere des Doktors als Wissenschaftler.

Mephisto kann es sich nicht verkneifen, die Wissenschaft nun auf seine ironische und zynische Weise zu verspotten; er nimmt sich die vier Fakultäten vor, die Faust zu Beginn der Gelehrtentragödie in seinem Monolog erwähnt: Philosophie, Jura, Medizin und Theologie. Vor der Tür steht ein Schüler, der den gelehrten Faust um Rat bitten möchte, was er studieren solle. Der Teufel übernimmt nun Fausts Rolle, er schlüpft in die Kleidung des Gelehrten und lässt kein gutes Haar an den vier Disziplinen. Der verunsicherte Schüler hat ein vages Ziel: »Ich wünschte recht gelehrt zu werden, / Und möchte gern was auf der Erden / Und in dem Himmel ist erfassen, / Die Wissenschaft und die Natur.« (V. 1898–1901) Dieses Ziel hat auch Faust einst formuliert, allerdings weitaus leidenschaftlicher und ernsthafter. Der Teufel dagegen vergällt dem Schüler in dieser Universitätssatire das gesamte Studium. So rät der Teufel ihm natürlich von der Theologie ab, denn in ihr gibt es »so viel verborgnes Gift« (V. 1986). Nachdem Mephisto die vier Fakultäten verspottet hat, gibt er ihm einen Tipp: »Besonders lernt die Weiber führen« (V. 2023). Das gefällt dem jungen Mann, und der Teufel wird Faust wenig später auch zu weiblichen Gefilden führen.

■ Universitätssatire

Auerbachs Keller in Leipzig. Aber zunächst fliegen der Teufel und der Doktor mit einem Zaubermantel in »Auerbachs Keller in Leipzig«. Dort geht es ausgesprochen animalisch zu, vier lustige Gesellen trinken und singen, sie stehen im Gegensatz zu dem Quartett Faust, Wagner, Schüler und Teufel. Diese Szene enthält viele satirische Elemente, so wird z. B. der Klerus und sein Schmarotzertum (V. 2126–2149) kritisiert und Mephisto lästert über den korrupten Höflingsstaat (V. 2211–2218 und V. 2223–2238).

Die Szene ist von Tiermetaphorik durchsetzt. Zwei Männer tragen einen Tiernamen: Frosch und Brander, also Fuchs, obendrein wird ein Ratten- und ein Flohlied gesungen. Die Stimmung wird immer aggressiver, auch weil die Gesellen außerordentlich viel trinken und immer euphorischer werden: »Uns ist ganz kannibalisch wohl, / Als wie fünfhundert Säuen!« (V. 2293 f.) Die Situation eskaliert, als Mephisto auf die Französische Revolution (V. 2295) anspielt und die Freiheit des Volkes auf eine Sauforgie reduziert. Der Teufel ist in seinem Element, er entzündet Siebels vergossenen Wein, redet mit der Flamme und droht den Männern: »Für diesmal war es nur ein Tropfen Fegefeuer.« (V. 2301)

■ Animalische Säufer

Faust ist von diesem barbarischen Treiben entsetzt. Das spiegelt sich auch in seinem geringen Redeanteil (unter einem Prozent) wider: »Auerbachs Keller« umfasst 263 Verse, der Gelehrte spricht nur zwei davon; mit dem ersten begrüßt er die Gesellen, mit dem zweiten sehnt er seinen Abgang herbei: »Ich hätte Lust nun abzufahren.« (V. 2296)

■ Faust ist von dem Trinkgelage angewidert

Mephisto hat Faust völlig falsch eingeschätzt. Wie konnte er glauben, dass der Doktor sich in solch einem triebhaften Umfeld wohlfühlen würde? Nun, das liegt an seiner Anthropologie, seinem Menschenbild, das er im »Prolog im Himmel« (V. 280–286) vorstellt und dort den Menschen auf ein Triebwesen reduziert.

Hexenküche. Als Nächstes bereitet der Teufel Faust in der grotesken Szene »Hexenküche« auf sein Liebesabenteuer mit Margarete vor. Außerdem enthält diese Sequenz zeitgeschichtliche Bezüge zu Goethes Epoche: Das Spiel der Tiere mit der Krone versinnbildlicht das mörderische Treiben während der Französischen Revolution und die schwankende Macht des Absolutismus.

Das heidnische Treiben und die magisch-chaotische Welt ekeln Faust an: »Mir widersteht das tolle Zauberwesen; / Versprichst du mir, ich soll genesen, / In diesem Wust von Raserei?« (V. 2337–2339) Faust aber muss das Chaos ertragen, weil die Hexe ihm einen Zaubertrank geben soll, damit er um 30 Jahre verjüngt wird. Da die Hexe aber gerade nicht in ihrer Küche weilt, sie ist beim »Schmause« (V. 2381), müssen die beiden warten. In dieser narrenhaften Szene zerstört der Autor das rationale Weltbild zugunsten des Irrationalen. Der Germanist Jochen Schmidt analysiert das treffsicher: »Der programmatische Nonsens erhält eine präzise Doppelfunktion. Einerseits gehört die Zerstörung der Vernunft als psy-

chologisches Korrelativ zur Entfesselung der Sinn-
lichkeit vor Beginn der Gretchen-Handlung. Das volle
Durchbrechen der Sinnlichkeit treibt Fausts rationale
Existenz in eine Krise.«[17]

Inzwischen lässt sich der Teufel von den Tieren wie
ein »König auf dem Throne« (V. 2448) bewundern; allerdings geht die Krone – das Symbol der Macht – dabei zu Bruch, und selbst ihm beginnt in der rasenden
Hexenküche »der Kopf zu schwanken« (V. 2457), zumal es nicht zu seiner Krönung kommt. Obendrein
erkennt die Hexe, als sie vom »Schmause« zurück-
kommt, den Teufel nicht, ihren »Herrn und Meister«
(V. 2482). Deshalb platzt dem ungekrönten Monar-
chen der Kragen, er gerät in Rage und zerschlägt »Glä-
ser und Töpfe«; die Hexe weicht entsetzt zurück,
dient ihm danach aber bereitwillig.

■ Der Teufel
als ver-
meintlicher
»König«

Faust dagegen, der nur zu gerne flüchten würde,
blickt in einen Spiegel und ist wie gebannt, denn dort
sieht er »Das schönste Bild von einem Weibe!«
(V. 2436) Ständig schaut er auf den Spiegel, nun ist
er erotisch auf dieses Zauberbild fixiert. Der Teufel
verspricht, ihm »so ein Schätzchen auszuspüren«
(V. 2445). Inzwischen hat die Hexe mit viel Brimbori-
um den Zaubertrank zubereitet, den Faust nun trinkt.
Mephisto verspricht ihm, dass der Trank ihn sexuell
anstacheln wird.

■ Die schöns-
te Frau der
Welt und
der Zauber-
trank

---

17 Jochen Schmidt, *Goethes Faust, erster und zweiter Teil.*
Grundlagen – Werk – Wirkung. München [3]2011, S. 149.

Margaretes Tragödie

Fausts Entgrenzungsversuch in die Liebe endet katastrophal. Margaretes Tragödie ist teilweise wie ein klassisches Drama aufgebaut, aber es hält sich nicht an die Ständeordnung und die aristotelische Einheit von Zeit, Raum und Handlung. Die Handlung erstreckt sich über ungefähr zwölf Monate hinweg, die Räume, die Orte ändern sich, bis hin in die heidnische Welt der Walpurgisnacht, und auch die Handlung verläuft nicht kontinuierlich an einem roten Faden entlang.

Margaretes Tragödie beginnt mit der Exposition, der Einführung des dramatischen Konflikts (»Straße«): zwei Figuren treffen aufeinander, der Gelehrte Faust und die ungebildete Margarete. Danach steigert sich die Handlung: Verführung Gretchens und erster Kuss. Es folgt die Peripetie, der Höhepunkt und die Wendung des Konflikts: Faust erlebt in »Wald und Höhle« eine visionäre Symbiose mit der Natur, aber er leitet Margaretes Untergang ein. Das dramatische Ende wird hinausgezögert (retardierendes Moment), weil sich Gretchens gesellschaftliche Katastrophe und Ächtung nach und nach in den Szenen »Am Brunnen«, »Zwinger«, »Nacht« und »Dom« vollzieht. Schließlich endet das Drama mit einer Katastrophe: Margarete ist wahnsinnig geworden, sie wartet im Kerker auf ihre Hinrichtung; allerdings wird ihre Seele von Gott gerettet, was die Katastrophe ein wenig mildert.

Straße I. Auf der »Straße« begegnet Faust das erste Mal Gretchen, dabei ist pikant, dass der Gelehrte gerade aus der heidnischen Hexenküche kommt und sie von der Beichte. Der verjüngte Mann möchte das Mädchen sofort erobern, er bietet ihr unvermittelt »Arm und Geleit« (V. 2606) an, und ohne auf ihre Antwort zu warten, legt er, was ausgesprochen unhöflich ist, seinen Arm um sie. Gretchen tritt jedoch souverän und sittsam auf, indem sie dem dreisten Mann einen Korb gibt – die Regieanweisung hebt das hervor: »Sie macht sich los und ab.« Außerdem lässt sie sich auch nicht von der adeligen Anrede »Fräulein« (V. 2605) umgarnen, zumal sie nur eine »Dirne« (V. 2619) ist, eine bürgerliche Frau.

Faust hingegen steigert sich in einen Liebesrausch hinein, er verliebt sich in Margarete. Kaum ist sie von der Bühne verschwunden, taucht Mephisto auf und Faust verlangt barsch und fordernd von ihm: »Hör, du musst mir die Dirne schaffen!« (V. 2619) Doch so einfach ist das für den Teufel nicht: Er hat das Mädchen schon vorher bei der Beichte beobachtet und weiß also, dass sie in diesem Augenblick ohne Sünde ist, deshalb hat er »keine Gewalt« (V. 2626) über sie. Doch Faust kontert: »Ist über vierzehn Jahr doch alt.« (V. 2627) Der verliebte Mann pocht darauf, dass Mädchen im Alter von 14 Jahren damals als heiratsfähig galten. Der Teufel weist ihm seine Grenzen auf, nicht jede Frau ist sofort zu haben: »Geht aber doch nicht immer an« (V. 2632). Faust aber fordert skrupellos die Kupplerdienste von Mephisto ein, weil er das Mäd-

■ Faust fordert aggressiv vom Teufel das Mädchen

chen schnell ins Bett bekommen will. Der Gelehrte droht, er wolle den Teufelspakt aufkündigen und stellt dem bösen Gesellen ein Ultimatum: »Und das sag ich Ihm kurz und gut, / Wenn nicht das süße junge Blut / Heut Nacht in meinen Armen ruht; / So sind wir um Mitternacht geschieden.« (V. 2635–2638)

Der Teufel lässt sich nicht unter Druck setzen, er bleibt pragmatisch und setzt sich schließlich durch: »Mit Sturm ist da nichts einzunehmen; / Wir müssen uns zur List bequemen.« (V. 2657 f.) Mephisto wird ein Geschenk besorgen, um Margarete damit gefügig zu machen.

Trotzdem scheint Faust vor sexueller Erregung wie von Sinnen; wenn er schon auf sie warten muss, so soll der Teufel ihm »vom Engelsschatz« (V. 2659) wenigstens Fetische zur Befriedigung herbeischaffen, etwa ein »Halstuch von ihrer Brust, / Ein Strumpfband meiner Liebeslust!« (V. 2661 f.) Das kann Mephisto denn auch liefern, er verspricht dem gepeinigten Mann, ihn »noch heut in ihr Zimmer [zu] führen« (V. 2666), damit er sich dort »In ihrem Dunstkreis satt […] weiden« (V. 2671) kann.

■ Der Teufel soll Fetische herbeischaffen

Abend. Nun wird der Blick in der Szene »Abend« auf Margarete gerichtet; sie ist in Gedanken bei Faust, offenbar hat sein dreister Flirtversuch auf der Straße doch seine Wirkung erzielt. Wie selbstvergessen flicht sie ihre Zöpfe, um sie Momente später wieder aufzubinden, was ihre Verwirrung widerspiegelt. Margarete gibt uns Einblick in ihre Gedankenwelt:

»Ich gäb was drum, wenn ich nur wüsst / Wer heut der Herr gewesen ist!« (V. 2678 f.) Offensichtlich hat Gretchen Gefallen an dem Mann gefunden, sicherlich auch, weil er »aus einem edlen Haus« (V. 2681) stammt. Hier deutet sich das Konfliktpotenzial an, das Margarete in die Katastrophe treiben wird: Eine Liaison einer ungebildeten Vierzehnjährigen mit einem Doktor der Theologie scheint nicht angemessen.

Nachdem das Mädchen ihr Zimmer verlassen hat, führt der Teufel Faust – sie begehen Hausfriedensbruch – in ihr Zimmer und verschwindet. Der Gelehrte kann seine sexuelle Begierde beim Anblick von ihrem Bett, Sessel, Tisch und Teppich sublimieren, d. h. auf eine höhere Ebene heben. In wunderschönen Madrigalversen, die ihm Goethe in den Mund legt, schwärmt er – in scheinbar religiöser Manier – von dem Mädchen: »O liebe Hand! so göttergleich! / Die Hütte wird durch dich ein Himmelreich.« (V. 2707 f.) Selbst als er ihren Bettvorhang zur Seite schiebt und auf das Zentrum seiner Begierde schaut, das Liebesbett, bewahrt er seine Beherrschung und behält den religiösen Duktus bei: »Und hier mit heilig reinem Weben / Entwirkte sich das Götterbild!« (V. 2715 f.)

■ Faust verklärt Margarete scheinbar religiös

Dieser Anblick lässt Faust an seiner Eroberungsstrategie zweifeln, zumal er ahnt, dass er Margarete ins Unglück stürzen könnte: »Und du! Was hat dich hergeführt? / Wie innig fühl ich mich gerührt! / Was willst du hier? Was wird das Herz dir schwer? / Armsel'ger Faust! Ich kenne dich nicht mehr.« (V. 2717–2720)

■ Faust denkt kurz an einen Rückzug

Aber der Gelehrte tritt nicht den Rückzug an, er wird Margarete schon deshalb nicht verschonen, weil der Teufel plötzlich mit dem Schmuckkästchen im Zimmer steht und die Verführung vorantreibt. Als das Mädchen wieder in ihr Zimmer tritt, spürt sie unbewusst, dass sie in den Wirkungskreis des Teufels geraten ist: »Es ist so schwül, so dumpfig hie« (V. 2753), sie ahnt die Gefahr und wünscht sich die Mutter, die sie sonst eigentlich fürchtet, zum Schutz herbei.

■ Mephisto drängt ihn zur Eroberung

Als sie sich in ihrem Zimmer auszieht, singt sie das Lied vom »König in Thule« (V. 2759–2782), ein Hohelied auf die Treue. Der König ist seiner »Buhle«, seiner Geliebten, treu bis zu seinem Tod. Diese außereheliche Beziehung, die sich über Bildungsunterschiede hinwegsetzt, fasziniert Margarete, weil sie ihre Sehnsucht nach Faust spiegelt. Außerdem deutet der Gesang auf die grenzenlose Treue Gretchens gegenüber Faust und auch ihren Tod voraus. Den »goldenen Becher«, das Geschenk seiner Geliebten und Symbol der Treue und Liebe, überlässt der König als Einziges nicht seinen Erben. Während der König sich auf seinen Tod vorbereitete, »Trank [er] letzte Lebensglut« aus dem Becher und warf ihn in das Meer, sterbend sah er »ihn stürzen, trinken / Und sinken tief ins Meer« (V. 2776–2780).

■ »Es war ein König in Thule«

Schließlich entdeckt das entkleidete Mädchen in ihrem Kleiderschrank den Goldschmuck und bekommt einen Geschmack davon, wie das Leben einer »Edelfrau« (V. 2792), an der Seite eines wohlhabenden Mannes, sein könnte. In Gretchen regt sich das Verlangen nach sozialem Aufstieg: »Nach Golde drängt, / Am Golde hängt / Doch Alles. Ach wir Armen!« (V. 2802–2804) Aber dieser Goldschmuck schmeichelt auch ihrer Eitelkeit und fördert ihre Schönheit: »Wie sollte mir die Kette stehn? / Wem mag die Herrlichkeit gehören? / (*Sie putzt sich damit auf und tritt vor den Spiegel.*) [...] Man sieht doch gleich ganz anders drein.« (V. 2794–2797)

Das Mädchen tastet sich auch metrisch an Faust heran. Sie spricht nicht mehr in dem volkstümlichen Knittelvers, sondern in Madrigalversen, die der Doktor oft benutzt.

Spaziergang. Inzwischen hat die Mutter ihr jedoch den Schmuck abgenommen und dem Pfarrer übergeben, deshalb kritisiert der Teufel satirisch in der Szene »Spaziergang« die Kirche zu Recht: »Die Kirche hat einen guten Magen, / Hat ganze Länder aufgefressen« (V. 2836 f.). Margarete aber erlebt eine schwerwiegende narzisstische Demütigung; die Kirche und ihre Mutter disziplinieren sie gleichermaßen, obendrein raubt man ihr den Liebesbeweis, den Schmuck, der sie zu einer vermeintlichen »Edelfrau« (V. 2792) und Schönheit aufgewertet hat.

Das niedergeschlagene Mädchen zieht zwar »ein schiefes Maul« (V. 2827), aber sie lässt nicht locker. Mutter und Kirche treiben sie in die Arme der Kupplerin Marthe, die sie mit dem Doktor verkuppeln soll. Margarete entscheidet sich also ganz bewusst gegen die sie schützenden Instanzen, und damit beginnt die

■ Gretchen zieht ein »schiefes Maul«

Katastrophe. Faust dagegen bestellt beim Teufel neu-
en Schmuck, obwohl er weiß, wie riskant ein zweites
Geschenk für das Mädchen wäre – nicht auszumalen,
was die strenge Mutter dem Mädchen antun würde,
wenn sie das Geschmeide entdeckte.

Der Nachbarin Haus. In der folgenden Szene
»Der Nachbarin Haus« bringt Gretchen das zweite
Schmuckkästchen – »Weit reicher als das erste war«
(V. 2878) – zu Marthe und ist begeistert, der Reichtum
und die Aussicht auf ein noch schöneres Aussehen
stacheln sie immer mehr an. Nun möchte sie erst recht
wissen, wer ihr die beiden anonymen Geschenke gemacht hat. In diesem Augenblick taucht Mephisto bei
den beiden Frauen auf und arrangiert listig ein Treffen
mit dem Doktor und Margarete: »Und hier die Jung-
frau ist auch da? –« (V. 3018) Faust soll vor Marthe bezeugen, dass Herr Schwertlein, der Ehemann Marthes,
in Padua begraben liegt, er soll also lügen.

Straße II. In der Szene »Straße« drängt der Teufel
Faust mit drei rhetorischen Attacken, die ihn ins Mark
treffen, zu dieser Falschaussage. Der Gelehrte lehnt
die Lüge zunächst ab: »Wenn Er nichts Bessers hat, so
ist der Plan zerrissen.« (V. 3039) Aber der Teufel ent-
tarnt ihn rhetorisch geschickt als Lügner: »Ist es das
erste Mal in Eurem Leben, / Dass Ihr falsch Zeugnis
abgelegt?« (V. 3041 f.) Als Wissenschaftler hat Faust
sein Publikum belogen (V. 3043–3046), das gibt er
schon in seinem Anfangsmonolog (V. 363 f.) zu und er

wird auch Margarete am nächsten Tag belügen, weil er ihr »alle Seelenlieb […] schwören« (V. 3054) will, obwohl er diesen Schwur nicht einhalten wird, denn er lässt Margarete später im Stich.

Schließlich holt Mephisto zum Generalangriff aus: »Dann wird von ewiger Treu und Liebe, / Von einzig überallmächt'gem Triebe – / Wird das auch so von Herzen gehn?« (V. 3056–3058) Der Gelehrte wäre aber nicht in der Lage, eine stabile Beziehung einzugehen und einen bindenden Liebesschwur zu formulieren, sein egomanischer Charakter und seine Triebfixierung stehen dem im Weg. Deshalb drückt sich Faust um eine präzise Antwort, er zerredet Treue und Liebe: »Für das Gefühl, für das Gewühl / Nach Namen suche, keinen finde« (V. 3060 f.). Schließlich gibt sich der Gelehrte geschlagen und korrumpiert sich selbst: »Und komm, ich hab des Schwätzens Überdruss, / Denn du hast Recht, vorzüglich weil ich muss.« (V. 3071 f.)

■ Fausts fragwürdige »Treu und Liebe«

Garten. In der Szene »Garten« kontrastiert und spiegelt Goethe die sexuellen Anzüglichkeiten der buhlerischen Marthe, die den Teufel erobern möchte, mit dem vermeintlichen Liebesdialog zwischen Margarete und Faust. Beide Paare treten dreimal auf und treffen sich schließlich am Gartenhäuschen.

Gretchen, die an Fausts Arm durch den Garten spaziert, versucht ihn von ihren Qualitäten als Hausfrau und Mutter zu überzeugen: »muss kochen, fegen, stricken / Und nähn, und laufen früh und spat« (V. 3111 f.).

Als ihre Mutter nach der Geburt der Schwester nicht in der Lage war, den Säugling zu umhegen, übernahm Gretchen das aufopferungsvoll: »Und so erzog ich's ganz allein, / Mit Milch und Wasser; so ward's mein.« (V. 3132 f.)

■ Das Blumen-orakel

Im Zentrum der Szene steht das Blumenorakel. Als Margarete einer »Sternblume« nach und nach die Blätter abzupft, gesteht sie ihm ihre Liebe: »Liebt mich – Nicht – Liebt mich – Nicht – / (*Das letzte Blatt ausrupfend, mit holder Freude.*) Er liebt mich!« (V. 3183 f.) Fausts Antwort ist dagegen floskelhaft: Selbst in solch einem intimen Moment, der doch so existenziell für das Mädchen ist, redet er sie nicht einmal mit ihrem Namen an: »Ja, mein Kind! Lass dieses Blumenwort / Dir Götter-Ausspruch sein. Er liebt dich!« (V. 3184 f.) Faust ist nicht in der Lage, ihr eine authentische Antwort zu geben, vielmehr flüchtet er sich in vage formulierte Phrasen, die Margarete seine Liebe vorgaukeln: »Sich hinzugeben ganz und eine Wonne / Zu fühlen, die ewig sein muss!« (V. 3191 f.)

Gartenhäuschen. Die Szene »Gartenhäuschen«, die nur aus zwölf Versen besteht, zeigt Faust und Margarete ein einziges Mal als unbefangenes Liebespaar. Das Gartenhäuschen ist in der schöngeistigen Literatur seit der Mitte des 18. Jahrhunderts ein Ort für ein erotisches Stelldichein, aber gleichzeitig auch ein Synonym für die Bedrohung von bürgerlichen Tugenden, wie Margarete sie vertritt.

Sie flüchtet spielerisch vor Faust und versteckt sich

im Gartenhäuschen, um ihn dorthin zu locken. Margaretes spielerische und erotische Ader gefällt Faust und reizt ihn zugleich: »Ach Schelm, so neckst du mich!« (V. 3205) Als er eintritt, küsst er das Mädchen, und es erwidert den Kuss souverän und fordernd: *»ihn fassend und den Kuss zurückgebend«.*

Außerdem offenbart Margarete ihm unverhohlen ihre innige Liebe: »Bester Mann! von Herzen lieb ich dich!« (V. 3206) Diese kurze Intimität stört jedoch Mephistopheles. Der Doktor würde Gretchen gerne nach Hause begleiten, aber sie lehnt kategorisch ab: »Die Mutter würde mich – Lebt wohl!« (V. 3209) Hier schaltet sich kurz ihr Gewissen ein: Sie ahnt, was ihre Mutter ihr antun würde, wenn sie hinter ihr Geheimnis käme. Margarete ist »[b]eschämt« (V. 3213) und von Selbstzweifeln geplagt. Sie kann nicht nachvollziehen, was Faust nur an ihr »find't« (V. 3216), da er doch viel erfahrener und gebildeter ist als sie, die »ein arm unwissend Kind« (V. 3215) ist. Die Differenz zwischen den beiden Liebesleuten verdeutlicht Goethe auch metrisch: Nachdem Faust und Mephisto verschwunden sind, redet Margarete wieder in vierhebigen Knittelversen; als Faust noch bei ihr war, sprachen sie in Madrigalversen.

■ Margarete liebt Faust »von Herzen«

Das Wiedersehen zögert sich aber hinaus, weil, so darf vermutet werden, Faust ins Grübeln geraten ist: Würde er das Mädchen sexuell erobern, wäre sie dem Untergang preisgegeben, weil er nicht in der Lage ist, ihr dauerhaft Halt zu geben.

Wald und Höhle. In der Szene »Wald und Höhle«
flüchtet er vor einem Sturm, der wohl auch die erotische ›Bedrohung‹ durch Gretchen symbolisiert, in eine Höhle, und dort erlebt er die ersehnte Symbiose
mit der Natur (V. 3217–3239), die er in feierlichen
Blankversen artikuliert. Faust gelingt es mithilfe des
erhabenen Geistes (V. 3217) – wahrscheinlich ist der
Erdgeist gemeint – die Natur unmittelbar anzuschau-
en, und sie gewährt ihm einen Blick ins Innere der
Welt und in sich selbst: »zeigst / Mich dann mir selbst,
und meiner eignen Brust / Geheime tiefe Wunder
öffnen sich.« (V. 3232–3234)

Aber dieses Glück ist nur von kurzer Dauer, weil es
von seinen tiefgreifenden Selbstzweifeln (V. 3240–
3250), seiner Gespaltenheit (V. 1110–1117) und seiner
sexuellen Begierde untergraben wird. Obendrein
drängt ihn der Teufel: »Er facht in meiner Brust ein
wildes Feuer / Nach jenem schönen Bild geschäftig
an.« (V. 3247 f.) So schwankt er von »Begierde zu Genuss« (V. 3249) und ist in einen fatalen sexuellen
Kreislauf eingekapselt: »Und im Genuss verschmacht
ich nach Begierde.« (V. 3250)

Als sein Verführer, der Teufel, auftaucht, reden beide in Madrigalversen; der feierliche Blankverston von
Fausts Monolog würde nicht zu dem folgenden Streitgespräch zwischen beiden passen. Mephisto wertet
Fausts Ganzheitserfahrung ab: »Vom Kribskrabs der
Imagination / Hab ich dich doch auf Zeiten lang kuriert« (V. 3268 f.) und verspottet ihn, weil er »In Nacht
und Tau auf den Gebirgen« (V. 3283) liege und sich in

der Natur suhle, das führe doch schließlich nur zum Onanieren: »Und dann die hohe Intuition – (*mit einer Gebärde*) / Ich darf nicht sagen wie – zu schließen.« (V. 3291 f.)

Der Teufel fordert ihn auf, endlich Margarete, die sich innig nach ihm sehnt (V. 3303–3310), zu erobern. Der Doktor wehrt sich zwar leidenschaftlich: »Bring die Begier zu ihrem süßen Leib / Nicht wieder vor die halb verrückten Sinnen!« (V. 3328 f.), aber er kommt nicht gegen seine überbordende sexuelle Lust an. Rasend vor Verzweiflung erkennt er, dass er das Mädchen in den Untergang (V. 3349–3365) treiben wird, wie eine Naturgewalt, »ein Wassersturz« (V. 3350), wird der »Gottverhasste« (V. 3356) über Margarete hereinbrechen.

Gretchens Stube. Im Unterschied zu dem weiten Raum in »Wald und Höhle« richtet sich der Blick nun auf »Gretchens Stube«. Goethe nennt sie nicht mehr Margarete, sondern Gretchen, weil sie sich durch den Tabubruch, das Liebes-Intermezzo mit Faust, verändert hat und ihr Taufname daher nicht mehr infrage kommt. Sie ist von Kirche und Mutter isoliert und sitzt nun alleine am Spinnrad und singt ein Lied. Faust spricht in der Komplementär-Szene »Wald und Höhle« teilweise in formvollendeten Blankversen, das Mädchen singt in volksliedartigen Strophen. Ihre unterschiedlichen Gefühlszustände werden also auch metrisch hörbar ausgeformt. Die je vierhebigen Verse und die unterschiedlichen Reime

– Kreuz- und Paarreime – spiegeln auch ihre innere Unruhe wider.

Gretchen sehnt sich gleichwohl nach ihrem Geliebten: »Nach ihm nur schau ich / Zum Fenster hinaus« (V. 3390 f.), aber ihr Liebeskummer und ihre zunehmende Isolation verändern ihre Persönlichkeit, was sie mehr oder weniger unbewusst im Lied ausdrückt: »Mein armer Kopf / Ist mir verrückt, / Mein armer Sinn / Ist mir zerstückt.« (V. 3382–3385)

Marthens Garten. Gretchen sehnt sich nach Halt, deshalb drängt sie Faust in »Marthens Garten«, ihre gewichtige Frage zu beantworten: »Nun sag, wie hast du's mit der Religion?« (V. 3415) Der gelehrte Mann redet aber um den heißen Brei herum, selbst als das Mädchen die Frage variiert, windet sich der Doktor der Theologie: »So glaubst du nicht? / *Faust.* [...] Wer darf ihn nennen? / Und wer bekennen: / Ich glaub ihn.« (V. 3430–3434) Margarete hält aber Fausts rhetorischem Feuerwerk stand und zieht souverän ihr Fazit: »Denn du hast kein Christentum.« (V. 3468)

Sie spürt instinktiv, dass der Begleiter ihres geliebten Mannes eine Bedrohung für ihn und sein religiöses Heil (V. 3471–3475) ist. Das vierzehnjährige Mädchen sieht messerscharf, dass dieser Mensch keine »Seele« (V. 3490) liebt, sie vielmehr zynisch verachtet. Der böse Geselle ist für sie und Faust eine existenzielle Bedrohung, und sie hofft, dass ihr Geliebter das auch so sieht: »Und das frisst mir ins Herz hinein; / Dir, Heinrich, muss es auch so sein.« (V. 3499 f.) Sie kann aber nicht ahnen, dass Faust sich schon längst dem Teufel verschrieben und sich in »Wald und Höhle« dazu entschlossen hat, Gretchen zu opfern.

Das Mädchen fordert eine ernsthafte Stellungnahme von ihm, er aber nimmt sie nicht ernst, beleidigt sie sogar als »Liebe Puppe« (V. 3476) und weiß gleichzeitig, dass er sie ins Verderben stürzen wird – das ist an Skrupellosigkeit kaum noch zu überbieten. Faust begeht, unterstützt von Mephisto, im Garten einen Sündenfall.

■ Faust degradiert Margarete zum Spielzeug

Als Gretchen gehen will, bietet er ihr eine Liebesnacht an. Sie wäre auch dazu bereit, nur hat sie Angst, die Mutter könnte sie bei dem Schäferstündchen erwischen: »Ich wär gleich auf der Stelle tot!« (V. 3509) Als Faust ihr ein Schlafmittel gibt, um die Mutter zu betäuben, damit beide ungestört miteinander schlafen können, willigt sie ein. Gretchen opfert sogar ihre Mutter, denn sie fürchtet durchaus, dass die Tropfen gefährlich werden könnten. Sie ist inzwischen an der Grenze ihrer Hingabebereitschaft angelangt: »Ich habe schon so viel für dich getan, / Dass mir zu tun fast nichts mehr übrig bleibt.« (V. 3519 f.)

Am Brunnen. In der Szene »Am Brunnen« – Gretchen ist inzwischen schwanger – lästert Lieschen über das Bärbelchen, das von seinem Liebhaber verlassen wurde und nun ein Kind von ihm erwartet. Als Gretchen Mitleid mit ihr hat: »Das arme Ding!«, kontert Lieschen kaltherzig: »Bedauerst sie noch gar!« (V. 3562) Ihre Empathie speist sich allerdings aus ihrer eigenen

Identifikation mit der Sünderin, weil sie sich in ihr spiegelt, schließlich ist auch sie außerehelich geschwängert worden.

■ Gretchen erkennt ihre Schuld

Die Normen der bürgerlichen Gesellschaft hat Margarete schon früh verinnerlicht: »Wie konnt ich über andrer Sünden / Nicht Worte g'nug der Zunge finden!« (V. 3579 f.) Diese Normen und Verbote sind rigoros, stabilisieren aber die Gemeinschaft; jeder Verstoß gegen die Sexualmoral wurde bestraft und die Sünder isoliert, nachdem man sie öffentlich bloßgestellt hatte. Margarete kann kaum glauben, dass sie so tief gefallen ist, zumal sie nur Gutes im Sinn hatte: »Doch – alles was dazu mich trieb, / Gott! war so gut! ach war so lieb!« (V. 3585 f.)

Zwinger. In der Szene »Zwinger« richtet Margarete ihr Gebet in den ersten drei Strophen an die Mutter Gottes, die zu ihrem sterbenden Sohn aufschaut. Das ist ein üblicher Gebetstext (V. 3587–3595); dann aber spricht Gretchen von ihren Ängsten und Sorgen, sie setzt sich also an die Stelle der Mater dolorosa und dieser Rollentausch spiegelt ihre tiefe Verzweiflung wider: »Ich wein, ich wein, ich weine, / Das Herz zerbricht in mir.« (V. 3606 f.) Mit ihrem Hilferuf bittet sie nicht um Vergebung, sie hat vielmehr Angst vor der öffentlichen Ächtung: »Hilf! rette mich von Schmach und Tod!« (V. 3616)

Nacht. Straße vor Gretchens Tür. Ihre Bitte bleibt ungehört, und in der Szene »Nacht«, die vor Gretchens

Abb. 6: Margarete vor der Mutter Gottes.
Zeichnung von August von Kreling, ca. 1874

Haustür spielt, spitzt sich ihre prekäre Lage weiter zu. Ihr Bruder Valentin, der als Soldat dient, ist nach dem Tod der Mutter juristisch für seine Schwester verantwortlich. Unter seinen Kameraden hat er früher voller Stolz mit ihrer Tugendhaftigkeit (V. 3631–3636) geprahlt, nun steht ihm Gespött bevor: »Mit Sticheleden, Naserümpfen / Soll jeder Schurke mich beschimpfen!« (V. 3640 f.) Valentin sinnt auf Rache, er stellt Faust vor Gretchens Tür und fordert ihn sofort zum Kampf auf: »Nun soll es an ein Schädelspalten!« (V. 3703) Der Soldat kämpft wohl mit einem Säbel, der hoffnungslos unterlegene Gelehrte mit einem Galanteriedegen, wie man ihn lediglich zur Zierde trug. Faust verteidigt sich zwar in Notwehr, aber der Teufel hilft ihm, er fängt die Schläge Valentins ab und lässt dessen Hand erlahmen. Der Doktor verwundet ihn tödlich.

Der sterbende Valentin verflucht und stigmatisiert seine Schwester, mit seinen letzten Atemzügen ächtet er sie vor den gaffenden Leuten öffentlich: »Ich seh wahrhaftig schon die Zeit, / Dass alle brave Bürgersleut, / Wie von einer angesteckten Leichen, / Von dir, du Metze! seitab weichen.« (V. 3750–3753) Damit treibt er sie indirekt in den Kindsmord, den er schon kommen sieht: »Wenn erst die Schande wird geboren, / Wird sie heimlich zur Welt gebracht, / [...] Ja, man möchte sie gern ermorden.« (V. 3740–3744) Der Sterbende bezeichnet das Kind noch nicht mal als solches, sondern würdigt es als »Schande« herab.

■ Valentin ächtet seine Schwester

Dom. Im »Dom« erhofft sich Margarete Trost, aber das Gegenteil ist der Fall, dort findet eine Totenmesse – »Dies irae« (Tag des Zorns) – statt. Im Dom spaltet sich ihr schlechtes Gewissen halluzinatorisch von ihr ab. Ihr »Böser Geist« treibt sie langsam in den Wahnsinn, als er von ihrer »Schande« spricht: »Verbirg dich! Sünd und Schande / Bleibt nicht verborgen.« (V. 3821 f.)

Der Gesang des Chors peitscht auf das verzweifelte Mädchen ein, dazu passen »die lateinischen Vierheber des Chors«, die »mit der Gewalt ihrer auftaktlos-apodiktischen Verseinsätze und ihrer unerbittlichen Wiederholung des jeweils gleichen Reims«[18] ihre Seele erschüttern und ins Wanken bringen. Das Jüngste Gericht bezieht Gretchen auf sich: »Dies irae, dies illa / Solvet saeculum in favilla« (dt. »Tage des Zorns, jener Tag / wird die Welt in Asche verbrennen«; V. 3798 f.) Der Chor singt nur bedrohliche Verse aus der Totenmesse; die tröstlichen Worte, etwa die Fürbitte für die arme Seele, nach denen Gretchen sich so sehnt, erklingen nicht. Die Kirche kennt kein Erbarmen mit der Sünderin, als ihr Leidensdruck sie überwältigt, fällt sie in Ohnmacht.

Bertolt Brecht (1898–1956), ein bedeutender deutscher Dramatiker und Lyriker, äußerte sich später pointiert über die Rolle der Kirche an dieser Stelle. Am 7. Mai 1949 schrieb er in sein *Arbeitsjournal*, es sei »nicht zu schwierig, die domszene etwa als seelische

18 Schöne (Anm. 4), S. 339.

und körperliche execution Gretchens durch die kirche zu spielen und vor allem als moralische execution – sie wird hier zum mord angestiftet«. Auch menschliche Hilfe bleibt ihr im Dom verwehrt, als sie ihre Nachbarin um ein Riechfläschchen (V. 3834) bittet, um ihre kommende Ohnmacht abzuwehren, bleibt sie ungehört.

Walpurgisnacht. Faust dagegen bricht unbekümmert mit dem Teufel zur »Walpurgisnacht« auf, ins Zentrum der orgiastischen Sexualität und der Gegenwelt des Himmels. Außerdem projiziert diese Sequenz Fausts triebhaftes Innenleben bildreich nach außen: Der Leser sieht die wüste, fiebrige Triebwelt des Doktors in all ihren libidinösen Facetten. Obendrein verdeckt diese Trieb-Szene Margaretes schlimmste Katastrophe, den Mord an ihrem Säugling, ihre Einkerkerung und das Todesurteil. Und »Faust verliert sich gerade zu der Zeit im wüsten Treiben der Sexualorgie, in der er menschlich am meisten gefordert wäre: Was dramaturgisch ein Verdecken ist, ist menschlich ein Verdrängen.«[19]

■ Reise ins Zentrum der Sexualität

Diese Sequenz spielt mit vielen musikalischen Einlagen, die an Operette und Oper erinnern, wie etwa langen Chorpassagen. Die dionysische Musik passt in die hitzig-fiebrige Atmosphäre der Walpurgisnacht. Die Szene besteht aus 387 Versen; zählt man noch das Intermezzo dazu, das ja auch auf dem Blocksberg

19 Schmidt (Anm. 17), S. 162.

stattfindet, kommt man auf 562 Verse, das macht knapp über 12 % der gesamten Tragödie (4612 Verse) aus.

Mephisto hofft, dass der Gelehrte in dieser breit angelegten Triebschau endlich seine Erfüllung findet, damit er selber die Wette gewinnt. Aber schon die Trödelhexe (V. 4096–4115) lenkt Faust ab und weckt die Erinnerung an Margarete, denn sie bietet Gegenstände an, die im Leben des Mädchens eine fatale Rolle gespielt haben: Ein »Dolch«, mit dem sie vielleicht ihr Kind getötet hat, ein Giftbecher, der auf den Tod ihrer Mutter anspielt, der »Schmuck«, von dem sie sich hat verführen lassen und ein »Schwert« erinnert an Valentins Tod.

■ Die Trödelhexe und Margarete

Der Teufel ahnt die Gefahr und lenkt Faust ab, er zeigt ihm den Inbegriff der weiblichen Verführerin, Lilith: »Nimm dich in Acht vor ihren schönen Haaren / Vor diesem Schmuck, mit dem sie einzig prangt.« (V. 4120 f.) Aber Faust lässt die Frau kalt, er richtet seine Blicke auf zwei Hexen. Er lässt sich auf einen Hexentanz ein, er vergnügt sich mit einer »Jungen«, der Teufel mit einer »Alten«, sie parodieren damit die Paare Faust und Gretchen sowie Mephisto und Marthe aus der Gartenszene vor dem Haus der Kupplerin. Faust spricht – im Kontext des biblischen Sündenfalls – über die schönen Brüste der Hexe, die er im Traum gerne besteigen würde: »Da sah ich einen Apfelbaum, / Zwei schöne Äpfel glänzten dran, / Sie reizten mich, ich stieg hinan.« (V. 4129–4131) Mephisto und die Alte sprechen offen über den Geschlechtsakt (V. 4136–4143).

■ Lilith, die Inkarnation der Verführerin

Faust bricht seinen Eroberungsversuch angeekelt ab, als seiner Tänzerin »Ein rotes Mäuschen [...] aus dem Munde« (V. 4179) springt. Außerdem hat er plötzlich eine Vision (V. 4183–4188), er sieht Gretchens Leid und erkennt seine Schuld, weil er sie im Stich gelassen hat: »Fürwahr es sind die Augen einer Toten, / Die eine liebende Hand nicht schloss.« (V. 4195 f.)

Walpurgisnachtstraum. Die Szene »Walpurgisnachtstraum oder Oberons und Titanias goldne Hochzeit« ist dramaturgisch nahezu irrelevant, sie wird auch selten auf der Bühne gespielt, weil sie vor allem auf damalige Personen und deren gesellschaftlichen, literarischen oder philosophischen Ansichten anspielten, die selbst für Goethe-Forscher zuweilen schwer nachvollziehbar sind. Ursprünglich sollten Goethes Spottverse im *Musenalmanach für das Jahr 1797* erscheinen, aber er überarbeitete sie dann für den *Faust I*. Der Germanist Albrecht Schöne beurteilt das »Intermezzo« treffsicher: »Durch eine Reihe motivischer und figuraler Entsprechungen wurde es locker angebunden an die *Walpurgisnacht*, die ihrerseits eine Reihe ähnlich zeitsatirischer, allegorisch-typenhafter Figuren aufgenommen hat (General, Minister, Parvenü, Autor und Proktophantasmist). Aber der dramatischen Kraft und der Sprachgewalt der eigentlichen *Walpurgisnacht*-Szene [...] halten diese einigermaßen läppischen, (absichtsvoll?) ›dilettantischen‹ Verse nicht stand.«[20]

20 Schöne (Anm. 4), S. 362.

Aber eine wichtige Funktion lässt sich gleichwohl dieser Szene zuweisen: Faust sollte sich eigentlich sofort auf den Weg machen, um die eingekerkerte Margarete zu retten, stattdessen aber nimmt er sich noch die Zeit und schaut sich mit dem Teufel vorher noch dieses Schauspiel, das Intermezzo, an. Wie verwerflich Fausts Verhalten ist, veranschaulicht Peter Stein ausgesprochen anschaulich in seiner Inszenierung (2000): Dort wimmelt es im Intermezzo u. a. nur so vor lauter männlichen Geschlechtsteilen, eine Art Pornokino, von dem sich Faust abhalten lässt, Margarete umgehend zu retten.

Trüber Tag. Feld. Die Szene »Trüber Tag. Feld« ist die einzige Prosa-Sequenz der gesamten Tragödie. Sie spiegelt Fausts Verzweiflung, sein häufiges Stocken und seine Erregung angemessen wider – das verdeutlichen auch die 33 Ausrufezeichen, die der Teufel mit neun Fragen souverän kontert.

Hier trifft Goethe den Ton der Stürmer und Dränger: Im Unterschied zu den 44 Liedstrophen des Intermezzos schärft nun der Kontrast »dieser ungebändigt wild erhaltenen, elliptisch verstümmelten, von heftigen Interjektionen zerrissenen ›Sturm und Drang‹-Prosa«[21] den Kontrast beider Szenen.

■ »Sturm und Drang«-Prosa

Faust verflucht Mephisto und macht ihn für das Elend Gretchens, das er ihm verschwiegen hatte, verantwortlich. Aber der Teufel kontert kaltschnäuzig:

21 Schöne (Anm. 4), S. 369.

»Wer war's, der sie ins Verderben stürzte? Ich oder du?« Damit trifft er den Doktor ins Mark, der auch nichts mehr entgegnen kann; die Regieanweisung aber spricht tausend Worte: »*Faust blickt wild umher.*«

Der Gelehrte ist vor allem mit seinem eigenen Schmerz beschäftigt. Auch wenn er den Teufel zwingt, ihn zu Gretchen zu führen, geht es ihm nicht so sehr um sie, die er in dieser Szene kein einziges Mal mit ihrem Namen benennt, sondern vor allem um seine Gewissensbisse, Ängste und Sorgen. Seine Forderung »Bringe mich hin! Sie soll frei sein!« klingt wie hohles Pathos. Außerdem soll Mephisto, der ja für Margaretes Katastrophe mitverantwortlich ist, sie retten, was doch ganz absurd ist: »Führe mich hin, sag ich, und befrei sie!« Dem Teufel ist Gretchens Schicksal völlig egal, so schleudert er zu Beginn des Streitgespräches Faust zynisch entgegen: »Sie ist die Erste nicht.«

Nacht, offen Feld. Die Szene »Nacht, offen Feld« antizipiert Gretchens Hinrichtung, Faust und Mephisto fliegen, »*auf schwarzen Pferden daherbrausend*«, am »Rabenstein« vorbei, einer Richtstätte.

Kerker. Faust zögert, in den »Kerker« einzutreten, hört er doch von innen, wie die wahnsinnige Margarete ein Lied (V. 4412–4420) – in Anlehnung an das Märchen vom *Machandel-Boom* (Vom Wacholderbaum) – singt, in dem sie sich aus Sicht des getöteten Säuglings als »Hur« (V. 4412) bezeichnet. Ihr Verhal-

Faust schmerzt nur sein eigener Schmerz

ten schwankt zwischen wahnhaften und vermeintlich vernünftigen Momenten; zunächst hält sie Faust für ihren »Henker« (V. 4427), was im übertragenen Sinn ja auch stimmt, weil er für ihr Elend mitverantwortlich ist.

Als Faust sie zum ersten Mal in der Tragödie mit ihrem Namen »Gretchen! Gretchen!« (V. 4460) anspricht, hat sie lichte Momente und wähnt sich sogar in Freiheit. Aber sie ist nicht mehr das »Gretchen«, das in den Gelehrten verliebt ist, sie ist nun wieder – die Regieanweisung hebt das hervor – die »Margarete«.

Reflexartig will sie Faust umarmen und erinnert sich bruchstückhaft an ihre erste Begegnung: »Schon ist die Straße wieder da, / Auf der ich dich zum ersten Male sah. / Und der heitere Garten, / Wo ich und Marthe deiner warten.« (V. 4475–4478) Margarete spürt aber instinktiv, dass Faust sie nicht mehr liebt. Sie testet ihn, sie erzwingt einen Kuss und stellt danach die rhetorische Frage: »Wo ist dein Lieben / Geblieben?« (V. 4495 f.) Der Zeilensprung, das Enjambement, unterstreicht die verlorene Liebe.

Margarete aber findet wieder in sich selbst zurück, sie findet wieder Halt und nimmt unbewusst Züge der heiligen Margareta von Antiochia an. Als der Teufel vor dem Kerker auftaucht, fragt sie deshalb zu Recht: »Was will der an dem heiligen Ort?« (V. 4603) Mephisto ist gegen solch eine gefestigte Margarete vollkommen machtlos, sie treibt ihn in die Flucht, notfalls sogar ohne seinen Pakt-Partner, sein *alter ego*:

»Komm! komm! Ich lasse dich mit ihr im Stich.«
(V. 4606)

Der Doktor zeigt zwar Mitleid: »Der Menschheit
ganzer Jammer fasst mich an« (V. 4406), aber dafür ist
es zu spät. Nach ihrer Bitte an Gott (V. 4607) distanziert sie sich souverän von Faust – »Heinrich! Mir
graut's vor dir.« (V. 4610) Margarete lehnt eine Flucht
ab und nimmt ihre Schuld auf sich: »Gericht Gottes!
Dir hab ich mich übergeben!« (V. 4605)

Faust hingegen reiht sich unbewusst, Hiobs und
Ödipus' Klageruf zitierend, in die Weltgeschichte der
großen tragischen Gestalten ein: »O wär ich nie geboren!« (V. 4596)

7. Autor und Zeit

Johann Wolfgang Goethe wurde am 28. August 1749 in Frankfurt am Main in eine vermögende und angesehene Bürgerfamilie hineingeboren. Seine Mutter, Catharina Elisabeth Goethe (1731–1808), geborene Textor, heiratete mit 17 Jahren Johann Caspar Goethe (1710–1782), seines Zeichens Kaiserlicher Rat der Stadt Frankfurt.

Der junge Goethe erhielt eine fundierte Schulausbildung. Sein Vater brachte ihm die damals üblichen Kenntnisse im Elementarunterricht bei. Einige Hauslehrer unterrichteten ihn in den naturwissenschaftlichen Fächern, außerdem in Latein, Griechisch, Zeichnen, Französisch, Englisch, Hebräisch, auch der Sport kam nicht zu kurz: Reiten, Fechten und Eislaufen standen auf dem Programm. Schon früh, seit 1759, schrieb der Knabe Gedichte und erlebte als Kind den Faust-Stoff bei einer Puppenspielaufführung in seiner Heimatstadt.

■ Goethes Schulausbildung

Zwischen 1765 und 1768 studierte Goethe in Leipzig Jura, allerdings erfolglos; eine Karriere als Jurist rückte in weite Ferne. Im Sommer 1768 kehrte er nach einem lebensbedrohlichen Blutsturz, einer plötzlichen Organblutung, nach Frankfurt zurück, wo er sich langsam erholte. Im Frühjahr 1770 nahm er sein Studium in Straßburg wieder auf. Nach seinem Studienabschluss reiste er wieder nach Frankfurt, wo er im Schöffengericht zu arbeiten begann.

■ Studienabbrecher

Seine literarische Tätigkeit war ihm indes wichti-

Goethe als junger Schriftsteller

ger: Im Winter 1771 verfasste er sein erstes bedeutendes Theaterstück, den *Götz von Berlichingen mit der eisernen Hand*, das 1774 in Berlin uraufgeführt wurde.

Der junge Anwalt folgte dem Rat seines Vaters und reiste im Mai 1772 nach Wetzlar, um als Praktikant am Reichskammergericht Berufserfahrung zu sammeln. Goethe verliebte sich dort in Charlotte Buff (1753–1828), die aber mit dem Gesandtschaftssekretär Johann Christian Kestner (1741–1800) verlobt war. Der liebeskranke Dichter flüchtete schließlich am 11. September 1772 aus Wetzlar und verfasste darüber den sehr erfolgreichen Briefroman *Die Leiden des jungen Werthers* (1774). Dieser Liebesroman, aber auch der *Götz von Berlichingen*, der sogenannte *Urfaust* und eine Vielzahl von Gedichten sind von der literarischen Strömung der Zeit geprägt, dem »Sturm und Drang«.

Literaturepoche des Sturm und Drang

Die Bezeichnung »Sturm und Drang« geht auf Friedrich Maximilian Klingers gleichnamiges Theaterstück von 1777 zurück. Diese Epoche wehrte sich mit einem frisch erwachten Selbstbewusstsein gegen die gesellschaftlichen Übel ihrer Zeit und kritisierte die absolutistische Ständegesellschaft. Gesellschaftliche und politische Konventionen waren ihr verhasst. Sie verstand sich zudem als Widerpart zu der durchrationalisierten Aufklärung und stellte – im Unterschied zur reinen Vernunft – ihre leidenschaftlichen Gefühle in den Mittelpunkt. Außerdem erhob sie die Natur im Sinne von Jean-Jacques Rousseau (1712–1778), eines französischen Philosophen, zum Ideal.

Berühmt ist dessen Forderung »Zurück zur Natur«. Er entwickelt in seinem Erziehungstraktat *Emil oder Über die Erziehung* (1762) den Gedanken, dass zur ganzheitlichen Herausbildung des Ichs dem Gang der Natur zu folgen sei: »Der natürliche Mensch ist sich selbst alles. Er ist die ungebrochene Einheit, das absolute Ganze, das nur zu sich selbst oder seinesgleichen eine Beziehung hat.«[22] Im Gegensatz dazu eignet dem »homme civil«, dem vergesellschafteten Menschen also, nur noch ein gebrochenes Ich (»unité fractionnaire«).

Diese Leitideen spiegeln sich auch in der Dichtung des »Sturm und Drang« wider. Die Literatur wurde bisher von ausgeklügelten Regelpoetiken bestimmt, die präzise vorschrieben, wie ein Gedicht, ein Roman und ein Drama gestaltet werden sollten.

Diese Vorschriften werden nun von den Stürmern und Drängern ignoriert. Im Mittelpunkt steht vielmehr die Forderung nach uneingeschränkter Freiheit. Sie wird vor allem vom »Originalgenie« – ein zentraler Begriff der Stürmer und Dränger – verwirklicht. Das Genie ignoriert die althergebrachten Regelwerke, es schafft aus der eigenen schöpferischen Kraft heraus neue Kunstwerke eigenen Stils.

■ Das Originalgenie

Auch Goethes erstes Faustbuch, der sogenannte *Urfaust*, ist ein Produkt dieser literarischen Epoche. Schon als Student in Straßburg ging Goethe der Fauststoff wieder durch den Kopf und zwischen 1772

■ Keimzelle, der *Urfaust*

22 Jean-Jacques Rousseau, *Émile oder Über die Erziehung*, hrsg. von Martin Rang, Stuttgart 2014, S. 112.

und 1775 verfasste er den *Urfaust*, der erst 1887 im Nachlass der Weimarer Hofdame Luise von Göchhausen (1752–1807) entdeckt wurde. Goethe erweiterte dabei die überlieferte Faust-Geschichte um die Universitätssatire und die Gretchentragödie. Dieser *Urfaust*, den er zuweilen seinen Freunden vorlas, blieb ein Fragment und war im Stil des »Sturm und Drang« verfasst: Er ist ein offenes Drama, das sich nicht an den überlieferten Dramenkonventionen, wie etwa die Einheit von Ort, Zeit und Handlung und Ständeklausel, orientiert. Der *Urfaust* reiht mehrere Szenenfolgen locker aneinander.

Faust tritt hier als das »Originalgenie« auf, das glaubt, es sei den Göttern ebenbürtig: »Bin ich ein Gott? mir wird so licht! / Ich schau in diesen reinen Zügen / Die wirkende Natur vor meiner Seele liegen.« (V. 86–88) Hier spricht sich ein Selbstbewusstsein aus, das Goethe auch schon in seiner Hymne *Prometheus*, die er zwischen 1772 und 1774 verfasste, zum Ausdruck bringt: »[...] Hier sitz ich, forme Menschen / Nach meinem Bilde / Ein Geschlecht das mir gleich sei / Zu leiden, weinen / Genießen und zu freuen sich / Und dein nicht zu achten / Wie ich!«

■ Faust erlebt sich als gottgleich

Die Konzentration des einzelnen Künstlers auf sich selbst ist indes gefährlich und führt in letzter Konsequenz zur Selbstzerstörung. Der uneingeschränkte Individualismus widersetzt sich der Gemeinschaft und der Gesellschaft, folglich ist das Genie, sei es Prometheus oder Faust, zur Isolation verdammt. Goethe erkannte dieses Problem sehr bald; schon mit dem

Abb. 7: Goethe mit einer Silhouette. Gemälde (1778) von Johann Ehrenfried Schumann, nach einem in Weimar entstandenen Bild (1776) von Georg Melchior Kraus

Werther kritisierte er deshalb die Fixierung auf das einzelne schöpferische Subjekt.

Goethe distanzierte sich recht schnell von seinem »Sturm und Drang«-Intermezzo: »Antiker Form sich nähernd«, verpönte er mehr und mehr den Genie- und Originalitätskult. Diese Umorientierung hängt auch mit Goethes weiterem Lebensweg zusammen. 1775 lud ihn der 18-jährige Erbprinz und spätere Herzog Carl August (1757–1828) von Sachsen-Weimar-Eisenach in seine Residenzstadt Weimar ein. Goethe nahm dieses Angebot an; am 7. November 1775 traf er in der kleinen Provinzstadt ein, wo er bis zu seinem Tode lebte. Hier lernt der stürmische junge Mann die Hofdame Charlotte von Stein (1742–1827) kennen und verliebte sich in sie. Über Jahre hinweg verband die beiden, obwohl Goethe erotisch chancenlos blieb, eine sehr innige Freundschaft. Der Hofdame gelang es, den jungen Künstler gleichsam zu erziehen; sie gewöhnte ihm die genialischen Launen der letzten Jahre ab und lehrte ihn menschliche Rücksichtnahme und sittliches Verhalten.

Das war auch nötig, denn im Juni 1776 trat Goethe als Geheimer Legationsrat in den Weimarischen Staatsdienst ein. Der Dichter bewährte sich durchaus in dieser neuen Stellung und war zusätzlich für den Bergbau, den Wegebau, das Rekrutenwesen, die Universität Jena und für das Weimarer Hoftheater verantwortlich. Für seine Leidenschaft, das Schreiben, blieb immer weniger Zeit. Trotzdem veröffentlichte er 1779 noch sein Prosa-Drama *Iphigenie auf Tauris* –

Die Weimarer Klassik

Goethe im Staatsdienst

ein Text, in dem nichts mehr von dem stürmischen und emotionalen Werther oder dem egomanischen Faust zu spüren ist, im Gegenteil.

In den folgenden Jahren wurde Goethe fast von seiner Amtslast erdrückt, zumal er auch noch die Leitung der obersten Finanzbehörde übernahm; für seine künstlerischen Ambitionen blieb nur noch wenig Zeit.

Als die Belastung zu groß geworden war, flüchtete er am 3. September 1786 nach Italien. Die Reise war für ihn eine Befreiung, eine »Wiedergeburt«. Jetzt endlich konnte er sich dem Studium der Antike, seinen geliebten naturwissenschaftlichen Forschungen, der Überarbeitung seiner älteren Werke – wie etwa *Torquato Tasso*, *Iphigenie auf Tauris* und *Egmont* – und dem Faust-Stoff widmen.

■ Flucht nach Italien

In Rom arbeitete er zunächst die *Iphigenie auf Tauris* um, bis er schließlich im Dezember 1786 die endgültige Fassung in Blankversen seinen Freunden vorlesen konnte. Dieses Werk gilt seitdem als einer der zentralen Texte der Weimarer Klassik, die sich im engeren Sinne über den Zeitraum von 1786 bis zu Schillers Tod 1805 erstreckte. Unter »Klassik« versteht man den Höhepunkt, die Blütezeit einer Nationalliteratur. Die Klassik wird in Deutschland vor allem von Goethe und Schiller bestimmt. Die Klassiker grenzten sich gegen andere literarische Strömungen ab, ja bekämpften sie sogar, wie etwa den Dichter Jean Paul (1763–1825), Heinrich von Kleist (1777–1811) und die Jenaer Dichter der Frühromantik.

■ Das Schauspiel *Iphigenie auf Tauris*

Die Klassiker orientierten sich an den ästhetischen Vorbildern der Antike. Johann Joachim Winckelmann, bedeutender Kunsthistoriker, legte mit seinem Werk *Gedanken Über die Nachahmung der griechischen Wercke in der Mahlerey und Bildhauer-Kunst* (1755) ein wichtiges Fundament für die Klassik. Winckelmanns Charakterisierung der griechischen Plastik, die »edle Einfalt« und »stille Größe« ausstrahle, übertrugen Goethe und seine Zeitgenossen ohne Bedenken auf den griechischen Menschen: Er galt von nun an bei den Klassikern als Vorbild auch für die zeitgenössische Kunst. Die Aufgabe der Kunst lautete nun: Streben nach Vollkommenheit, Humanität, Harmonie von Natur und Kunst, von Sinnlichkeit und Vernunft.

Die mit den Umwälzungen der Französischen Revolution aufgetretene Identitätskrise des deutschen Bürgertums konnte nun mit dem antiken Rüstzeug geistig bewältigt werden, eine politische Revolution in Deutschland war ja zu diesem Zeitpunkt nicht möglich; einzig die Kunst bot sich als Medium an, um die Krise vielleicht zu überwinden. Die Klassiker glaubten daran, dass die geistige Entwurzelung des Menschen durch den Vorbildcharakter der Antike überwunden werden könnte.

Als Goethe 1786 nach Italien flüchtete, hatte er auch seinen *Urfaust* im Gepäck – der wollte ihm nun nicht mehr aus dem Kopf. So notierte er in seiner *Italienischen Reise* am 1. März 1788: »Das alte Manuscript macht mir manchmal zu denken, wenn ich es vor mir sehe. Es ist noch das erste, ja in den Hauptscenen gleich so ohne Concept hingeschrieben, nun ist es so gelb von der Zeit [...].« Am 1. März 1788 schrieb er schließlich Schiller, dass er am Faust arbeite: »Zuerst ward der Plan zu ›Faust‹ gemacht [...]. Natürlich ist es ein ander Ding, das Stück jetzt oder vor funfzehn Jahren ausschreiben; ich denke, es soll nichts dabei verlieren, besonders da ich jetzt glaube, den Faden wiedergefunden zu haben.« Den fand er auch tatsächlich wieder, er schrieb zum Beispiel die Szenen »Hexenküche« und »Wald und Höhle«, und er überarbeitete »Auerbachs Keller« und die Schülerszene. Gleichwohl fällt auf, dass der überarbeitete Text noch ein paar dramaturgische Schwachstellen aufweist.

■ Goethe arbeitet am *Faust*

Goethe wusste das freilich selbst, und so schrieb er am 2. November 1789 an Johann Friedrich Reichardt: »hinter Fausten ein Strich gemacht. Für dießmal mag er so hingehn«. Immerhin konnte das Schauspiel dann als *Faust. Ein Fragment* veröffentlicht werden. Es erschien 1790 im Band 7 von *Goethe's Schriften* bei dem Verleger Georg Joachim Göschen.

■ *Faust. Ein Fragment* wird veröffentlicht

Am 18. Juni 1788 kehrte ein gewandelter Goethe nach Weimar zurück. Er ging sofort eine Liebschaft mit Christiane Vulpius ein, einer einfachen Fabrikarbeiterin, und beide heirateten 1806. 1789 wurde ihr Sohn August geboren, vier weitere Kinder starben früh.

Schiller, mit dem Goethe seit 1794 befreundet war, drängte ihn, endlich den *Faust* zu vollenden. Schließlich schrieb Goethe im Juni 1797 die »Zueignung«, den

■ Goethe arbeitet wieder am *Faust*

ersten Prolog zu seiner Faustdichtung. Das »Vorspiel auf dem Theater« dichtete er wenig später, und um 1800 verfasste er den »Prolog im Himmel«. Die Szene »Walpurgisnacht« entstand wohl zwischen 1787 und 1801. Bis 1801 sind die neuen und mehrere überarbeitete Szenen – wie zum Beispiel die Umarbeitung von »Kerker« in Verse – fertiggestellt. Die Veröffentlichung verzögerte sich aber, weil Goethe meist mit mehreren literarischen Projekten gleichzeitig und mit seiner Arbeit beim fürstlichen Hof sowie der Universität Jena beschäftigt war. Außerdem war er wieder mit seinen wissenschaftlichen Studien – Farbenlehre, Mineralogie und Botanik – beschäftigt. Das brachte Schiller zur Verzweiflung, er beschwerte sich am 10. Dezember 1801 bei dem Verleger Johann Friedrich Cotta, der *Faust I* veröffentlichen wollte: »Er ist zu wenig Herr über seine Stimmung, seine Schwerfälligkeit macht ihn unschlüssig und über den vielen Liebhaber Beschäftigungen, die er sich mit Wißenschaftlichen Dingen macht, zerstreut er sich zu sehr.« Erst im März 1806 begann Goethe mit den restlichen Arbeiten am *Faust I*. Er feilte an der Komposition der Tragödie, kürzte Textsequenzen, verwarf die Szene »Land Strase«, wiederum andere kürzte oder verschob er. Am 25. April 1806 schrieb Goethe dann in sein Tagebuch: »Faust, letztes Arrangement zum Druck«. Der Druck aber verzögerte sich, weil Napoleon das Land mit Krieg überzog. Schließlich erschien *Faust. Der Tragödie erster Theil* zu Ostern 1808 bei Cotta in Tübingen.

Im Frühjahr 1825 entschloss sich Goethe, den zwei-　■ *Faust II*
ten Teil des *Faust* zu vollenden. Schon im September
1800 arbeitete er an dem sogenannten »Helena«-Frag-
ment. Im Dezember 1816 konzipierte er ein Inhalts-
verzeichnis zu *Faust II*, und von 1825 bis 1831 arbeitete
er mehr oder weniger kontinuierlich am zweiten Teil.
Im August 1831 versiegelte er das Manuskript in einem Paket und verschloss es in einem Schrank. Noch
im Januar 1832 brach er es auf, um es seiner Schwie-
gertochter Ottilie vorzulesen und kleine Korrekturen
vorzunehmen. Am 24. Januar 1832 notierte er im Tagebuch, dass er doch nicht ganz zufrieden sei mit dem
Text, aber er nahm keine größeren Änderungen mehr
vor, vielleicht, weil er sich darüber im Klaren war, dass
der komplexe Faust ihn immer wieder zu neuen Änderungen zwingen würde.

Goethe starb am 22. März 1832, 82 Jahre alt, in Weimar.

Noch im Todesjahr wurde *Faust, der Tragödie zwey-
ter Theil* veröffentlicht.

8. Rezeption[23]

Goethes *Faust I* wird seit über 200 Jahren weltweit inflationär von Künstlern, Literaturwissenschaftlern, aber auch von Politikern thematisiert. Die Goethe-Forschung kann bis heute ob der Unmengen an Rezeptionsangeboten keine umfassende Darstellung der Materialmengen liefern, es wäre ohnehin eine Sisyphos-Arbeit.

Faust I fand schon unmittelbar nach seiner Veröffentlichung zahllose Verehrer, so empfahl der Philosoph Friedrich Wilhelm Schelling (1775–1854) die Tragödie schon als Schullektüre. Es gab aber auch zahlreiche Kritiker. Die Kirche monierte Fausts unmoralisches und blasphemisches Verhalten, die Vertreter der Aufklärung dagegen Goethes Mystizismus. Ein paar Romantiker sahen in Faust einen Vertreter der hochmütigen Wissenschaftsgläubigkeit und Heinrich Heine und seine Dichterkollegen konnten sich nicht damit abfinden, dass Faust alles andere als ein politischer Freiheitsheld war, der sich in die Dienste einer Revolution stellte.

Aber schon nach Goethes Tod gab es Faust-Verehrer, die ihn als Synonym für den »deutschen Geist«

Faust I als Schullektüre im 19. Jahrhundert

---

23 Die folgenden Ausführungen beziehen sich auf folgende Texte: Andreas Anglet, »Faust-Rezeption«, in: *Goethe Handbuch*, 4 Bde., Bd. 2: *Dramen*, hrsg. von Theo Buck. Stuttgart/Weimar 1997, S. 478–513; und Theo Buck, *Goethes theatralische Sendung. Vom »Urgötz« zu »Faust II«*. Köln/Weimar/Wien 2015, S. 308–334.

stilisierten. Er galt als Stellvertreter einer grotesken Deutschtümelei, die so gar nicht zu Goethes Tragödie passen wollte. Damit aber nicht genug: Mit der deutschen Reichsgründung 1871 und dem Sieg über Frankreich wurde Faust als dichterisches Symbol der deutsch-nationalen Überlegenheit glorifiziert, als »deutscher Charakter«.

Faust als deutsche Symbolfigur

Der Kulturhistoriker Oswald Spengler (1880–1936) trieb diese Ideologisierung Fausts in seiner kulturphilosophischen Studie *Der Untergang des Abendlandes* (1918/1922) auf die Spitze, allerdings verortet er Faust dort nicht national, sondern instrumentalisiert ihn für sein neuzeitlich-europäisches Bild der Geschichtsentwicklung: Faust repräsentiert die gesamte abendländische Kultur: »Das ›*faustische* Weltgefühl der Tat‹ erhält eine mythische Dimension, indem es zum kulturpessimistischen Schlüsselbegriff für das Verständnis des tragischen Schicksals ›einer ganzen Kultur‹ wird, deren höchste Entfaltung der verachteten Erstarrung zur ›Zivilisation‹ gegenübergestellt wird«[24].

»Das faustische Weltgefühl der Tat«

Aber es gibt auch seit den Anfängen der Goethe-Forschung Wissenschaftler, die sich mit dem ästhetischen Gehalt des *Faust* auseinandersetzen und ihn auf je eigene Weise als Kunstwerk interpretieren und würdigen. So konzentriert sich zum Beispiel die Literaturhistorikerin Helene Herrmann (1877–1944) in ihrem Text *Faust, der Tragödie zweiter Teil – Studien zur inneren Form des Werkes* (1917) auf die ästheti-

Faust II als rein ästhetisches Werk

24 Anglet (Anm. 23), S. 485.

schen Strukturen der Tragödie, und diese werkimmanente Analyse hat die Arbeiten anderer Philologen maßgeblich geprägt.

Faust im National-sozialismus

Der Nationalsozialismus dagegen instrumentalisierte die Faust-Dichtung auf besonders perfide Weise. Alfred Rosenberg (1892–1946), der Chefideologe der NSDAP, der im Oktober 1946 im Nürnberger Prozess zum Tode verurteilt wurde, deklarierte in seinem Bestseller *Der Mythus des 20. Jahrhunderts – Eine Wertung der seelisch-geistigen Gestaltenkämpfe unserer Zeit* (1930) Faust als Vertreter des »Nordischen« und die Tragödie als heroischen deutschen Mythos. Der stramme deutsche Bürger und Soldat sollte sich in seinem faustischen Streben seinem »Führer« Adolf Hitler unterordnen und ihm bedingungslos bei all seinen Entscheidungen gehorchen. Nach der Niederlage des »Dritten Reiches« besinnt sich die Faust-Forschung wieder mehr auf die Textinterpretation.

Marxistische Interpretation

Die marxistischen Lesarten der Tragödie beziehen sich oft auf die Faust-Studien (1941) des ungarischen Literaturwissenschaftlers und Philosophen Georg Lukács (1885–1971), der die Tragödie unter ökonomischen Aspekten untersucht. Goethes Drama ist für ihn ein poetisches Zeugnis für den Wandel von einer feudalen in eine kapitalistische Gesellschaft.

Thomas Manns *Doktor Faustus*

Thomas Mann (1875–1955), der 1929 den Nobelpreis für Literatur erhielt, rechnet in seinem Roman *Doktor Faustus – Das Leben des deutschen Tonsetzers Adrian Leverkühn* (1947), den er im amerikanischen Exil schrieb, mit dem Faust-Mythos ab. Der Held des Romans, der Musiker und Intellektuelle Adrian Leverkühn, geht mit dem Teufel eine Wette ein: Der Wetteinsatz ist Leverkühns Seele und die bekommt der Teufel denn auch, weil es ihm gelingt, aus dem Tonsetzer ein Genie zu machen.

Diese wenigen Beispiele aus der Rezeptionsgeschichte zeigen, dass *Faust I* bis heute ausgesprochen unterschiedlich rezipiert wird. Die Tragödie bietet schier unendlich viele Interpretationsmöglichkeiten an, die von der jeweiligen gesellschaftlichen Mentalität, der politischen Verfassung und vielen anderen Parametern beeinflusst werden. Der französische Philosoph und Schriftsteller Roland Barthes (1915–1980) sieht im vielfältigen Analysepotenzial eines Textes zu Recht einen Vorteil; für ihn besitzen Texte »unendliche[] Spielmöglichkeiten«[25] und nicht den *einen* Sinn, der so gerne von ihnen in der Schule eingefordert wird: »Einen Text interpretieren heißt nicht, ihm einen (mehr oder weniger begründeten, mehr oder weniger freien) Sinn geben, heißt vielmehr abschätzen, aus welchen Pluralen er gebildet ist.«[26]

> **Unendlich viele Lesarten des *Faust***

Diese »Spielmöglichkeiten« bieten sich auch für die unterschiedlichen Medialisierungen des *Faust* an: Nahezu unzählig sind die Niederschläge des Faust-Stoffs in den Künsten. Schon in der Erstausgabe des *Faust* tauchen vier Kupferstiche auf, und die französische Übersetzung (1828) von Albert Stapfer wird von 17 Lithographien des bedeutenden Malers Eugène

> **Faust in der bildenden Kunst**

25 Roland Barthes, *S/Z*, Frankfurt a. M. 1987, S. 7.
26 Ebenda, S. 9.

Delacroix (1798–1863) flankiert. Auch im 20. Jahrhundert setzten berühmte Maler, wie etwa Ernst Barlach (1870–1938), Emil Nolde (1867–1956), Max Pechstein (1881–1955), Oskar Schlemmer (1888–1943) und Salvador Dalí (1904–1989), die Tragödie künstlerisch um.

■ *Faust* und
das Ballett

Auch das Ballett setzt sich mit *Faust* auseinander. Maurice Béjart (1927–2007) inszenierte den Stoff 1975 in *Notre Faust* und 1993 in seinen *Faust-Variationen*. Sein Werk konzentriert sich auf zentrale Motive und reflektiert körperlich – eben mit dem Tanz – Goethes Tragödie.

■ *Faust* und
die Musik

Die Musik setzt sich mit *Faust* schon zu Goethes Lebzeiten auseinander, und die nachfolgenden Komponistengenerationen produzieren bis in die Gegenwart hinein ebenfalls eine unüberschaubare Menge an Faust-Musik.

Seinen Niederschlag findet das Drama zum Beispiel in Oratorium, Lied, Oper, Kantate, Instrumental- und Popmusik. Schon 1782 vertonte Karl Siegmund von Seckendorff (1744–1785) das Lied *König in Thule* (V. 2759–2782). Richard Wagner setzte Faust in seiner *Faust-Ouvertüre* (1844/55), in der er den Gelehrten in seinem Studierzimmer musikalisch beschreibt, und seinen *Sieben Kompositionen zu Goethes Faust* op. 5 (1837) ein Denkmal. Hector Berlioz' (1803–1869) opernhafte Legende *La damnation de Faust* (*Fausts Verdammnis*) feiert 1846 seine Uraufführung in Paris: Margarete wird am Ende erlöst, und Mephisto siegt diesmal, er verschleppt Faust in die Hölle.

Franz Liszts (1811–1886) Faust-Symphonie (1854) »stellt [...] drei Charakterbilder auf, wobei das titanische Streben Fausts, gestaltet durch übermäßige Dreiklänge, auch musikalisch ins Unendliche aus dem tonalen Raum hinausdrängt.«[27]

Provokativ dagegen ist die experimentelle Vertonung von Werner Schwabs (1958–1994) Drama *Faust: Mein Brustkorb: Mein Helm* (1993). Die deutsche Band *Einstürzende Neubauten*, die 1980 von Blixa Bargeld gegründet wurde, schrieb die passende Musik zu Schwabs Text.

Auf der Bühne spielt *Faust I* seit seiner Uraufführung 1829 eine bedeutende Rolle, wobei die Inszenierungen naturgemäß von unterschiedlicher Güte sind. So inszenierte Claus Peymann am 26. und 27. Februar 1977 in Stuttgart beide Faustteile in jeweils viereinhalb Stunden. Die Kritik lobte Peymanns Aufführungen überschwänglich, auch weil er den Faust von ideologischen Zwängen befreite und Goethes Werk als hervorragendes poetisches Kunstwerk zelebrierte.

Faust auf dem Theater

Monumental ist dagegen die Inszenierung Peter Steins, der im Rahmen der EXPO 2000 in Hannover beide Teile der Tragödie aufführte. Die ungekürzte Fassung, die es zuvor noch nie auf der Bühne zu sehen gab, erstreckte sich über eine Spieldauer von ca. 15 Stunden. Steins künstlerisches Statement, das er 2000 im ZDF Theaterkanal formulierte, ist ausgesprochen stimmig: »Meisterwerke kann man nur

Peter Stein inszeniert Faust in voller Länge

27 Anglet (Anm. 23), S. 510.

Abb. 8: Plakat zu Alexander Sokurows Faust-Verfilmung (2011). – © MFA + Film Distribution e. K.

erkennen, indem man sie komplett zur Kenntnis nimmt«.

Die Messlatte liegt seit Stein hoch, an ihn konnte 2004 ansatzweise nur Jan Bosse mit seiner Inszenierung von *Faust I* in Hamburg heranreichen. Dass es weniger gut geht, bewies im gleichen Jahr Michael Thalheimer am Deutschen Theater Berlin: Er kürzte den ersten Teil massiv und flankierte die Tragödie mit nervtötender Rockmusik. Tapfer schlug sich dagegen Nicolas Stemann 2011 am Hamburger Thalia Theater mit seiner Inszenierung *Faust I+II*; vor allem der erste Teil war gelungen, der zweite eher gewöhnungsbedürftig, weil zum Beispiel Euphorion mit einem Bobbycar über die Bühne raste. Stemanns *Faust*, das spricht für ihn, wurde in der Folge öfters aufgeführt und auch 2013 mit einem Auftritt bei den Festspielen in Avignon gewürdigt.

Am 23. April 2015 stellte Robert Wilson seinen *Faust I und II* vor, musikalisch unterstützt von Herbert Grönemeyer. Sie produzierten gemeinsam eine heitere und gigantische Bild- und Musik-Inszenierung, die von ihren Effekten lebte und viel Lob verbuchte. Allerdings dampfte Wilson beide Faustteile auf gerade mal vier Stunden zusammen, von Goethes über 12 000 Versen blieb da nicht mehr viel übrig.

■ Herbert Grönemeyer und *Faust*

Auch die Filmbranche hat den Faust-Stoff umgesetzt. Eine der wichtigsten Verfilmungen ist – bei aller berechtigten Kritik – die Inszenierung (1960) von und mit Gustaf Gründgens (1899–1963), der zugleich den Mephisto spielt. Alexander Sokurows Ver-

■ *Faust*-Verfilmungen

filmung *Faust* (2011) verfremdet den Text signifikant und bietet eine sehenswerte Neuinterpretation an.

Außerdem hat Faust seine Spuren auch in unserer Alltagssprache hinterlassen. Sprichwörter aus der Tragödie – wie etwa »Hier bin ich Mensch, hier darf ich's sein« (V. 940) oder »Das also war des Pudels Kern!« (V. 1323) – gehören zu unserem kulturellen Gedächtnis.

9. Prüfungsaufgaben mit Lösungshinweisen

Aufgabe 1

Analysieren Sie die Szene »Kerker« (V. 4405–4612).

Lösungshinweise

Thema der »Kerker«-Szene

Faust überwindet sich – allerdings erfolglos –, die wahnsinnige Margarete zu retten. Sie entscheidet sich aber gegen die Flucht, bekennt vielmehr ihre Schuld, ihre Seele wird im Himmel erlöst.

Figurenkonstellation: Margarete, Faust, Mephisto

- Er liebt Margarete nicht mehr, er graut sich vor ihr.
- Sie thematisiert mit ihrem Lied (V. 4412–4420) ihren Kindsmord und indirekt ihre Schuldgefühle. Sie identifiziert sich als lyrisches Ich mit ihrem Kind, sie leiht ihm ihre Stimme und möchte es wieder zum Leben erwecken, damit es in der Gestalt eines Vogels davonfliegen soll und Rache an seinem Vater üben sollte.
- Als Faust sie mit ihrem Namen »Gretchen« (V. 4460) anspricht, scheint sie wieder vernünftig denken zu können und wähnt sich in Freiheit.
- Sie ahnt, dass er sie nicht mehr liebt: »Wo ist dein Lieben / Geblieben?« (V. 4495 f.)

- In weiteren lichten Momenten gibt sie Faust Mitschuld an ihren Verbrechen (V. 4507–4517), gibt ihm zudem Anweisungen, wie die Beerdigung ihrer Familie (V. 4521–4529) auszuführen sei, und blickt ihrer Hinrichtung (V. 4587–4595) entgegen.
- In einer weiteren Wahn-Sequenz bittet sie Faust, ihr gemeinsames Kind, das gerade in ihrer Phantasie nochmals ertrinkt, zu retten (V. 4551–4562).
- Sie selbst möchte nicht von Faust gerettet (V. 4576–4578) werden: Eine Flucht wäre sinnlos, zumal sie von der Menge (V. 4544–4549) verfolgt würde; auch der Tod ihrer Mutter (V. 4565–4573) plagt sie.
- Als Mephisto vor dem Kerker erscheint, reagiert sie »an dem heiligen Ort« (V. 4603), den er nicht zu betreten wagt, souverän: Gottesfürchtig nimmt sie ihre Schuld an und besinnt sich auf Gott: »Gericht Gottes! Dir hab ich mich übergeben!« (V. 4605)
- Nach ihrem Bittgebet (V. 4607–4609) distanziert sie sich kategorisch von Faust – »Heinrich! Mir graut's vor dir« (V. 4610) –, ihrem verbrecherischen Verführer, der Mitschuld an ihrem Unglück trägt.
- Faust scheint wie paralysiert, er schweigt.
- Der Teufel hat die Hoffnung, dass Gretchen nun »gerichtet« (V. 4611) sei, aber das ist ein Irrtum, sie wird gerettet, weil sie sich – wie von Gott im »Prolog im Himmel« eingefordert – ihres »rechten Weges wohl bewusst« (V. 329) ist.

Formale Aspekte

Versgestaltung und Metrum: Faust spricht meist in regelmäßigen Versen, die sich in der Regel reimen; als er aber vor dem Kerker zaudert, spiegelt sich das in unregelmäßigen Versen (V. 4409–4411) wider. Margaretes Verse dagegen sind meist unregelmäßig – ein- bis fünfhebig – und bilden ihren Wahnsinn, ihre Sprunghaftigkeit, ihre Angst und ihre Verzweiflung ab. Ihre Verse sind zuweilen reimlos, vor allem ab Vers 4556 tauchen mehrmals solche Verse auf.

Unterschiedliche Redeanteile

Margarete dominiert mit 168 Zeilen die Szene. Faust (38 Zeilen) spielt eine untergeordnete Rolle. Gretchens Wahn und ihr Schuldbekenntnis dominieren den Eingeschüchterten, sie lässt ihm kaum Chancen zur verbalen ›Gegenwehr‹. Der Teufel ist der Verlierer der Sequenz, das spiegelt sich auch in seinem dürftigen Redeanteil (7 Zeilen) wider.

Aufgabe 2

Charakterisieren Sie Faust.

Lösungshinweise

- Faust ist ein Doktor der Theologie.
- Er ist kein individueller Charakter, vielmehr eine kollektive Person, die symbolisch für den modernen Menschen steht: mit seinen wissenschaftlichen Zielen, Widersprüchen, Ängsten, Bösartigkeiten und seinen Zweifeln an der Religion.
- Faust ist ein Wissenschaftler, der im Spätmittelalter in den vier universitären Fakultäten (Philosophie, Jura, Medizin und Theologie) ausgebildet wurde. Im Unterschied zu Wagner, der mit dem normalen Wissenschaftsbetrieb zufrieden ist, möchte sein Lehrer neue Dimensionen erforschen.
- Der verzweifelte Wissenschaftler wendet sich schließlich der Magie zu, um zu erkennen, »was die Welt / Im Innersten zusammenhält« (V. 382 f.).
- Faust scheitert am Erdgeist (V. 460–521 und 612–629), dem magischen Versuch, sich mit der unendlichen Natur zu vereinen.
- Seinen Selbstmordversuch (V. 690–743) bricht er ab.
- Er ist ein Gelehrter, der sich von seinen Mitbürgern und der Natur entfremdet hat.
- Der Wissenschaftler geht einen Pakt mit dem Bösen ein, mit Mephisto.

- Faust sehnt sich nach einer Ganzheitserfahrung, unter anderem nach einer Vereinigung mit der Natur, die er kurz in einer Sequenz aus »Wald und Höhle« (V. 3217–3239) genießen kann. Aber das ist nur von kurzer Dauer, auch, weil sein Charakter ambivalent ist: »Zwei Seelen wohnen, ach! In meiner Brust, / Die eine will sich von der andern trennen« (V. 1112 f.). Die eine sehnt sich nach höherer Erkenntnis, die andere nach »derber Liebeslust« (V. 1114).

- Außerdem hat Faust einen Zaubertrank von der Hexe bekommen, der ihn verjüngt und sein erotisches Verlangen manipuliert.

- Weil er zwischen Begierde und Genuss hin und hergetrieben wird, ist er nicht in der Lage, Margarete treu zu sein oder sie sogar zu heiraten.

- Seine Ich-Bezogenheit verhindert empathisches Verhalten gegenüber anderen Menschen; deshalb entwickelt er kein echtes Mitgefühl mit Gretchen, das wird besonders in der »Kerker«-Szene deutlich.

- Faust ist kriminell und skrupellos: Er ist mitverantwortlich für die vier Toten.

Aufgabe 3

Faust erobert in der Szene »Ein Gartenhäuschen« Margarete mit einem Kuss. Danach folgt die Szene »Wald und Höhle«. Diese Szene verfasste Goethe im Kontext seiner Italienreise (1786–88). Der Germanist Werner Keller nimmt Stellung zu »Wald und Höhle«. Erörtern Sie seinen Text im Zusammenhang mit dieser Sequenz (V. 3217–3239) aus »Wald und Höhle«.

Textauszug:

»Der italienischen Reise verdankt Goethe die im unmittelbaren Anschauen von südlicher Natur und antiker Kunst gewonnene Einsicht, daß bei den Alten eine Korrelation zwischen Naturgesetzlichkeit und Kunstform besteht. Da die bildende Natur das Verfahren vorschreibt, dem sich der Künstler zu verpflichten hat, verwirft Goethes römische Ästhetik folgerichtig das Subjektive und Zufällige: Die Einbildungskraft soll ›exakt‹ vorgehen, die Gegenstände zum Reden bringen, auf den Typus und das Typische hinarbeiten, das als Variationsbasis allen individuellen Metamorphosen zugrunde liegt. [...] Faust versteht sich als Individuum, das Lebenstotalität beansprucht und, repräsentativ für die Gattung, sich Welt einverwandeln, sich im Genuß mit allem ›amalgamieren‹ will. ›Wald und Höhle‹ zeigt in seinem Monologteil einen unfaustischen Faust, der für eine Weile in die befriedete Bezugseinheit von Natur und Mensch aufgenommen ist und dem der Blick ins Innere der Welt die eigene Innenwelt durchsichtig werden läßt.«

Werner Keller: Faust. Eine Tragödie. In: Goethes Dramen. Hrsg. von Walter Hinderer. Stuttgart: 2010, S. 68.

Lösungshinweise

- Faust gelingt es mithilfe des erhabenen Geistes (V. 3217) – wahrscheinlich ist der Erdgeist (V. 460–521) gemeint – die Natur unmittelbar anzuschauen, und sie gewährt ihm einen tiefen Blick in die Welt und in sich selbst.
- In der frühen Erdgeist-Sequenz (V. 460–521), die Goethe während der literarischen Epoche des »Sturm und Drang« verfasst hat, scheitert der von Selbstzweifeln geplagte ›Stürmer‹ Faust radikal am Erdgeist, der ihn in seine Schranken weist.
- Nun stellt Goethe durch seine ästhetische Neuorientierung einen harmonisch wirkenden »unfaustischen Faust« vor, der sich von Subjektivem und Zufälligem distanziert: Faust ist nicht mehr der egomanische Stürmer und Dränger, sondern der »repräsentativ[e]« Vertreter der »Gattung« Mensch.
- Die antike Kunst, so Goethe, spiegelt nicht nur die »Naturgesetzlichkeit« in der »Kunstform« wider, sondern sie stellt den Menschen in seiner geistig-sinn-

lichen Einheit dar, was in dem Monologteil auf Faust zutrifft.

- Formal spiegelt sich Fausts erhabene Stimmung in den Blankversen wider: »In dem Anfangsmonolog erklingen Jamben von einer Reinheit, einem Gehalt, einer inneren Ton- und Formenfülle, wie sie der voritalienische Goethe nie hätte schreiben können.«[28]

Aufgabe 4

Verorten Sie in der Radierung auf S. 130 f. das Figureninventar und die räumliche Struktur aus Goethes »Walpurgisnacht« und dem »Walpurgisnachtstraum«.

Lösungshinweise

- linke Bildhälfte = Walpurgisnacht
- rechte Bildhälfte = Walpurgisnachtstraum
- Aufstieg zur Orgie mit dem Irrlicht
- Flug der Hexen
- Bildvordergrund: u. a. Faust und der Teufel, die alten Männer und Trödelhexe (hat die Arme nach oben gerissen)
- links neben dem Hexenkessel (Zentralachse) die verführerische Lilith

---

28 Robert Petsch, »Die dramatische Kunstform des *Faust*«, in: *Euphorion* 33 (1932), S. 211–244, hier S. 229.

- linker Mittelgrund: Tanz der Hexen und Teufel
- Faust wendet sich im Bildhintergrund schließlich dem Galgen und der dort Hängenden zu
- Mephisto aber drängt ihn zu dem Dilettantentheater in die rechte Bildhälfte

Abb. 9: Matthäus Merian d. Ä.: Flugblatt »Zauberey«, 1626.
Radierung nach Michael Herr, 1620

10. Literaturhinweise/Medienempfehlungen

Wer sich einen Überblick über die umfangreiche Forschungsliteratur zu *Faust I* verschaffen möchte, dem sei die folgende Bibliografie empfohlen:

Seifert, Siegfried (Hrsg.): Goethe Bibliographie 1950–1990. 3 Bde. Bd. 3. München 2000. S. 1077–1088. [Diese wird kontinuierlich online aktualisiert: »Weimarer Goethe-Bibliographie online WGB«.]

Textausgabe

Die Erstausgabe *Faust I* erschien 1808 in Tübingen. In dem vorliegenden Band wird nach der folgenden Reclam-Ausgabe zitiert:

Goethe, Johann Wolfgang: Faust. Der Tragödie Erster Teil. Hrsg. von Wolf Dieter Hellberg. Stuttgart: Reclam, 2014. (Reclam XL. Text und Kontext. 19152.)

Zur Biografie des Autors

Boerner, Peter: Johann Wolfgang Goethe. Reinbek bei Hamburg [11]2015.

Conrady, Karl Otto: Goethe – Leben und Werk. Zwei Bände. Frankfurt a. M. 2015.

Safranski, Rüdiger: Goethe – Kunstwerk des Lebens. Frankfurt a. M. 2015.

Dramenanalyse und Versanalyse

Gelfert, Hans-Dieter: Wie interpretiert man ein Drama? Stuttgart 2010. (Reclams Universal-Bibliothek. 15026.)
Gelfert, Hans-Dieter: Einführung in die Verslehre. Stuttgart 2009. (Reclams Universal-Bibliothek. 15037.)

Zur literaturgeschichtlichen Einordnung (Sturm und Drang sowie Klassik)

Borries, Ernst und Erika von: Deutsche Literaturgeschichte. Bd. 3. Die Weimarer Klassik. Goethes Spätwerk. München 2008.
Borries, Ernst und Erika von: Deutsche Literaturgeschichte. Bd. 2. Aufklärung und Empfindsamkeit, Sturm und Drang. München [6]2009.

Sekundärliteratur zu *Faust I*

Binder, Wolfgang: Goethes klassische »Faust«-Konzeption. In: Deutsche Vierteljahresschrift für Literaturwissenschaft und Geistesgeschichte 42 (1968) S. 55–88.
Buck, Theo: Goethes theatralische Sendung. Vom »Urgötz« zu »Faust II«. Köln/Weimar/Wien 2015.
Ciupke, Markus: Des Geklimpers viel verworrner Töne Rausch. Die metrische Gestaltung in Goethes »Faust«. Göttingen 1994.
Flasch, Kurt: Der Teufel und seine Engel. Die neue Biographie. München 2015. S. 354–379.
Gaier, Ulrich: Fausts Modernität. Essays. Stuttgart 2000.

Gaier, Ulrich: Erläuterungen und Dokumente: Johann Wolfgang Goethe: *Faust. Der Tragödie Erster Teil.* Stuttgart 2014. (Reclams Universal-Bibliothek. 16021.)

Jäger, Michael: Global Player Faust oder Das Verschwinden der Gegenwart. Zur Aktualität Goethes. Berlin [5]2013.

Keller, Werner: Faust. Eine Tragödie. In: Goethes Dramen. Hrsg. von Walter Hinderer. Stuttgart 2010. (Reclams Universal-Bibliothek. 8417.) S. 258–329.

Matussek, Peter: *Faust I.* In: Goethe-Handbuch. Bd. 2. Hrsg. von Theo Buck. Stuttgart/Weimar 1996. S. 352–390.

Müller-Seidel, Walter: Komik und Komödie in Goethes »Faust«. In: Hans Steffen (Hrsg.): Das deutsche Lustspiel. Bd. 1. Göttingen 1968. S. 94–119.

Schöne, Albrecht: Götterzeichen, Liebeszauber, Satanskult. Neue Einblicke in alte Goethetexte. 3., erg. Aufl. München 1993. S. 107–230.

Schöne, Albrecht: Johann Wolfgang Goethe. Faust. Kommentare. Frankfurt a. M. 1999. S. 9–384.

Schmidt, Jochen: Goethes Faust. Erster und Zweiter Teil. Grundlagen – Werk – Wirkung. München [3]2011.

Filmempfehlungen

Faust (1960), Verfilmung unter der Regie von Gustaf Gründgens und Peter Gorski [Die Nähe zum Theater in Form einer Bretterbühne zeichnet diese Inszenierung aus. Goethes Text wurde gekürzt, gleichwohl nach wie vor eine sehenswerte und schülergerechte Inszenierung.]

Verfilmung der Faust-Inszenierung (2000) von Peter
Stein: *Faust I* und *Faust II*. [Ungekürzte Textfassung,
die sich zur textnahen Interpretation einzelner Szenen
anbietet (DVD-Fassung 814 Minuten).]

Faust (2011). Ein Film von Alexander Sokurow nach der
Tragödie von Johann Wolfgang Goethe. [Freie Verfilmung, die sich nur in Ansätzen an den Text hält.]

11. Zentrale Begriffe und Definitionen

Aufklärung: Epoche, die sich über den Zeitraum von etwa 1720 bis 1790 erstreckt. Die zumeist bürgerlichen Aufklärer forderten, und das war revolutionär in der Ständegesellschaft, als Leitideen Vernunft, Toleranz, Freiheit und Gleichheit ein. Der Philosoph Immanuel Kant (1724–1804) lieferte ihnen die Grundlagen dazu: »Aufklärung ist der Ausgang des Menschen aus seiner selbstverschuldeten Unmündigkeit«. Die literarischen Werke der Aufklärung hatten deshalb einen lehrhaften und moralisierenden Charakter. Bedeutende deutsche Aufklärer und Schriftsteller waren Johann Christoph Gottsched (1700–1766), Christian Fürchtegott Gellert (1715–1769) und Gotthold Ephraim Lessing (1729–1781).

➤ S. 102, 112

Blankvers: ungereimter fünfhebiger Jambus (➤ Metrum), der nach dem Vorbild Shakespeares im 18. und 19. Jahrhundert in deutschen Dramen eine zentrale Rolle spielte. Beispiel aus dem *Faust I*: »Erhabner Geist, du gabst mir, gabst mir alles, / Warum ich bat. Du hast mir nicht umsonst / Dein Angesicht im Feuer zugewendet.« (V. 3217–3219)

➤ S. 43, 86 f., 107, 128

Bürgerliches Trauerspiel: Tragödienform, die zwischen der Mitte des 18. Jahrhunderts bis zur Mitte des 19. Jahrhunderts in Deutschland populär war. Lessing veröffentlichte zum Beispiel mit *Emilia Galotti* (1772) ein vorbildhaftes Bürgerliches Trauerspiel, welches das aufkommende Selbstbewusstsein des Bürgertums dokumentiert, sich mit dem Adel auseinandersetzt und dessen Willkür und Arroganz anprangert. Auch Goethe orientiert sich im *Faust I* an Lessing, weil Margaretes Katastrophe Züge eines Bürgerlichen Trauerspiels besitzt: Allerdings fehlt die Differenz zwischen Adel und Bürgertum, weil Faust und Margarete aus dem Bürgertum stammen.

➤ S. 39

Drei Einheiten: Im Drama muss die Einheit der Handlung (nur ein einziger geradliniger Handlungsstrang) und der Zeit (24 Stunden) sowie des Ortes (an einem einzigen Ort) eingehalten werden. Nach Lessing galt diese Normierung nicht mehr flächendeckend, und im *Faust I* spielte sie keine Rolle mehr: Dort ändert sich der Schauplatz der Handlung permanent: ... »Hexenküche«, »Straße«, »Abend«, »Spaziergang«, »Der Nachbarin Haus«, »Straße«, »Garten« ...

➤ S. 41, 76, 104

Enjambement: (frz.) »überspringen«, sogenannter Verssprung; die Fortführung einer Sinneinheit über das Ende des Verses hinaus, etwa in dem folgenden Beispiel aus *Faust I*: »Wo ist dein Lieben / Geblieben?« (V. 4495 f.)

➤ S. 99

Fallhöhe: der Unterschied zwischen dem sozialen Rang einer Person und ihrem gesellschaftlichen Absturz. In Friedrich Schillers Trauerspiel *Maria Stuart* (1800) wird das besonders deutlich: Maria Stuart ist die Königin von Schottland, am Endes des Dramas wird sie hingerichtet.

➤ S. 33, 63

Freier Rhythmus: er lässt kein Metrum erkennen und weist keine Reime auf. Als der verliebte Faust in der Szene »Garten« mit Margarete flirtet, hilft ihm der freie Rhythmus, seine tiefsten Gefühle angemessen zu artikulieren: »Sich hinzugeben ganz und eine Wonne / Zu fühlen, die ewig sein muss! / Ewig! – Ihr Ende würde Verzweiflung sein.« (V. 3191–3193)

➤ S. 84

Innerer Monolog: stummes Selbstgespräch, in dem zum Beispiel Faust an entscheidenden Stellen in der Tragödie über sich reflektiert, wie etwa zu Beginn von »Wald und Höhle«.

➤ S. 62, 86, 125

Intertextualität: Julia Kristeva prägte in ihrem Aufsatz »Bachtin, das Wort, der Dialog und der Roman« (1967) den Terminus »Intertextualität«. Mit diesem Begriff geht sie von einem breit gefächerten Textverständnis aus. Entscheidend ist der Bezug von Texten auf andere Texte. Ein Text ist für sie kein autonomes Konstrukt, vielmehr besteht er zuweilen aus einem Bündel von Zitaten. Das trifft auch auf *Faust I* zu, der sich stellenweise auf andere Dichtungen bezieht, sie verändert, parodiert oder modernisiert: Goethe bezieht sich zum Beispiel auf viele Bibelstellen, etwa im »Prolog im Himmel« auf das Buch Hiob.

Viele andere Texte der Weltliteratur lässt Goethe in seiner Tragödie zu Wort kommen, eine kleine Auswahl: Dante Alighieri: *Die göttliche Komödie* (um 1306–1321), William Shakespeare: *Hamlet* (1601), *Othello* (1604), *Macbeth* (1606), John Milton: *Das verlorene Paradies* (1667), Molière: *Don Juan* (1665), *Amphitryon* (1668), Jean-Jacques

Rousseau: *Julie oder Die neue Héloise* (1761), *Pygmalion* (1770), Gotthold Ephraim Lessing: *Minna von Barnhelm* (1767) und *Emilia Galotti* (1772).

➤ S. 39, 55 f.

Kadenz: man unterscheidet zwischen männlichen und weiblichen Kadenzen; männliche: am Versende steht eine betonte Silbe, Beispiel: »Bin weder Fräulein, weder schön« (V. 2607). Weibliche Kadenz: am Versende steht eine unbetonte Silbe, Beispiel: »Mein schönes Fräulein, darf ich wagen« (V. 2605). Männliche Kadenzen wirken oft dominanter als weibliche. So unterstreicht hier die betonte Silbe am Ende, dass Gretchen es ernst meint mit dem Weggehen: »Kann ungeleitet nach Hause gehn.« (V. 2608) Dagegen spiegelt die unbetonte Endsilbe die Unsicherheit Fausts wider, als er versucht, mit ihr zu flirten: »darf ich wagen«.

Katharsis: (griech.) »Reinigung«. Aristoteles definierte sie in seiner *Poetik*: Der Zuschauer erlebt bei der Tragödie durch die Affekte, welche die tragischen Handlungen in ihm auslösen, eine seelische Reinigung. Goethe dagegen bezieht die Katharsis nicht mehr auf das Publikum, sondern auf die Figuren des Dramas. Margarete erlebt am Ende des *Faust I* eine Katharsis.

➤ S. 42

Klassik: zuweilen auch Weimarer Klassik genannt, weil diese literarische Epoche (1786–1805) von Goethe und Schiller maßgeblich geprägt worden ist. Beide waren von der Französischen Revolution (1789) enttäuscht. Ihre literarischen Leitideen, die sich aus der griechischen Antike ableiteten, waren fortan Humanität, Toleranz, Harmonie, Einheit von Mensch und Natur (z. B. »Wald und Höhle«,

V. 3217–3239) sowie Gesellschaft und Individuum. Diese Ideale kann der Mensch verwirklichen, wenn er sich umfassend bildet und in die sittliche Gemeinschaft einfügt. Goethe versinnbildlicht dieses Programm zum Teil in seinem zehnstrophigen Gedicht *Das Göttliche* (1785), ein Einblick: »Edel sei der Mensch, / Hülfreich und gut! / Denn das allein / Unterscheidet ihn / Von allen Wesen, Die wir kennen.«

➤ S. 106–110

Knittelvers: von Knüttel abgeleitet, grober Stock. Knittelverse wurden in Deutschland ab dem 15. Jahrhundert in der Dichtung eingesetzt. Man unterscheidet zwischen freien und strengen Knittelversen. Der strenge Knittelvers besteht aus acht (➤ männlicher Kadenz) oder neun Silben (➤ weiblicher Kadenz) pro Vers. Der freie Knittelvers ist in der Silbenzahl variabel, wobei er aber meist vierhebig bleibt. Der strenge und der freie Knittelvers sollten in der Regel einen ➤ Paarreim aufweisen. Im *Faust I* gibt es knapp 400 Knittelverse, die bekannteste und erste Knittelvers-Sequenz ist Fausts Auftaktmonolog in der Szene »Nacht«.

➤ S. 36, 43, 62, 81, 85

Kreuzreim: auch Wechselreim genannt, Reimschema: abab. Zum Beispiel im *Faust I*:

»Wie seltsam glimmert durch die Gründe
Ein morgenrötlich trüber Schein!
Und selbst bis in die tiefen Schlünde
Des Abgrunds wittert er hinein.« (V. 3916–3919)

➤ S. 88

Lutherstrophe: Diese Strophenform gab es schon ab dem 14. Jahrhundert für geistliche und weltliche Lieder. Durch Luther, der sie weiterentwickelte (sieben Verse, Reimstellung: ababccx) und für evangelische Kirchenlieder einsetzte, erhielt sie ihren Namen. Im 18. Jahrhundert wurde sie unter anderem für gesellige Lieder und Bänkelgesänge in Anspruch genommen. Das sogenannte »Rattenlied« (V. 2126–2149) im *Faust I* besteht aus drei Lutherstrophen.

➤ S. 44

Madrigalvers: ursprünglich ein italienisches Versmaß. Goethe setzt diese jambisch-alternierenden Verse mit vier bis sechs, aber auch mit zwei oder drei Hebungen ein. Im *Faust I* tauchen sie oft auf, wenn Dialoge geführt werden, zum Beispiel in einer Sequenz (V. 75–242) aus dem »Vorspiel auf dem Theater«. *Faust I* besteht aus 4612 Versen, über 2600 davon sind Madrigalverse, zum Beispiel: »Mir widersteht das tolle Zauberwesen; / Versprichst du mir, ich soll genesen, / In diesem Wust von Raserei?« (V. 2337–2339)

➤ S. 36, 43, 58, 59, 79, 81, 85 f.

Metrik: (griech.) die Kunst des Silbenmachens, Lehre von den Regeln und Bauprinzipien des Verses.

➤ S. 38, 43 f., 81, 85, 87

Metrum: wird auch Versmaß genannt. Ein Metrum ist die kleinste rhythmische Einheit in einem Vers, die zum Beispiel zwischen betonten (Hebungen) und unbetonten Silben (Senkungen) wechseln kann (sogenanntes alternierendes Metrum). Beispiele für Metren: Anapäst (∪∪–), Daktylus (–∪∪), Jambus (∪–) und Trochäus (–∪).

➤ S. 36, 123

Offene Form des Dramas/Tragödie: Dramenform, die das Aufbauschema der ➤ Tragödie nicht einhält. Es besteht zum Beispiel wie im *Faust I* aus einer Aneinanderreihung von Szenen und verzichtet auf die ➤ drei Einheiten. Das Ende des Dramas bleibt häufig offen: Der Leser von *Faust I* weiß nicht, welches Schicksal Faust nach seiner Flucht aus dem Kerker erwartet.

➤ S. 41 f., 104

Ouvertüre: (frz.) Eröffnung, mit ihr wird ein musikalisches Werk, etwa eine Oper, Kantate, Oratorium oder Ballett, eingeführt.

➤ S. 116

Paarreim: einfachstes Reimschema: aa bb cc usw. Beispiel:

»Der Weg ist breit, der Weg ist lang,
Was ist das für ein toller Drang?
Die Gabel sticht, der Besen kratzt,
Das Kind erstickt, die Mutter platzt.« (V. 3974–3977)

➤ S. 88

Regieanweisung: Sie wird im Text hervorgehoben, im *Faust I* (Reclam-Ausgabe) durch runde Klammern und Kursivsetzung: (*Sie macht sich los und ab.*). Regieanweisungen sind ›stumme‹ Bemerkungen zur Spielweise der Figuren, zum Ablauf der Handlung und zum Bühnenbild.

➤ S. 62, 77, 98 f.

Ständeklausel: Sie orientierte sich an den klassischen französischen Tragödien (Corneille, Molière, Racine). In der Tragödie durfte nur das Leben von Adeligen, Geistlichen und Kriegshelden dargestellt werden. Die bürgerliche Welt wurde nur in Komödien thematisiert, weil sie nicht genügend dramaturgische ➤ Fallhöhe gegenüber dem Personeninventar der klassischen Tragödie hatte.

➤ S. 41, 104

Stanze: Strophenform, die ursprünglich aus Italien stammt. Die Stanze hat acht Verse, jeder Vers besteht aus acht fünfhebigen ➤ Jamben mit wechselnden weiblichen und männlichen ➤ Kadenzen. Die Reimstellung gestaltet sich so: ababacc. *Faust I* beginnt in der »Zueignung« mit vier feierlichen Stanzenstrophen (V. 1–32), und im »Vorspiel auf dem Theater« redet der Dichter, als er zum ersten Mal zu Wort kommt, in der lyrischen Form zweier Stanzen: »O sprich mir nicht von jener bunten Menge, / Bei deren Anblick uns der Geist entflieht. […]« (V. 59 f.)

➤ S. 44, 57 f.

Sturm und Drang: literarische Epoche zwischen 1765 und 1785. Die Bezeichnung »Sturm und Drang« geht auf Friedrich Maximilian Klingers (1752–1831) gleichnamiges Theaterstück aus dem Jahr 1777 zurück. Im Mittelpunkt steht bei den Dichtern des »Sturm und Drang« die Forderung nach uneingeschränkter Freiheit. Das Originalgenie, ein zentraler Begriff der Stürmer und Dränger, ignoriert die überlieferten Regelpoetiken und schafft aus der eigenen angeborenen schöpferischen Kraft individuelle Kunstwerke mit Wahrheitsanspruch.

➤ S. 22, 34, 38, 42 f., 51, 53, 63, 97, 102–104, 106, 127

Tragödie: Sie stammt aus der Antike. In der Gattung der Tragödie konnten die Zuschauer miterleben, wie Helden und Könige – schuldig oder unschuldig – dem Schicksal und den Göttern unterliegen. Die europäische Tragödie entwickelte sich im Verlauf der Jahrhunderte in der Auseinandersetzung mit den Tragödien von Aischylos, Sophokles und Euripides weiter. So besteht die Tragödie nun aus fünf Akten, in welchen der Handlungsverlauf sich so entwickelt: Exposition (Einführung des dramatischen Konflikts), steigende Handlung (Ausbruch oder Verschärfung des Konflikts), Peripetie (Höhepunkt und oft plötzliche Wendung des Konflikts), retardierendes Moment (dramatisches Ende wird hinausgezögert), Katastrophe (Untergang des Helden). Außerdem müssen die ➤ drei Einheiten eingehalten werden. Goethe setzte solch einen Fünfakter zum Beispiel in seiner *Iphigenie auf Tauris* (1779/1786) um. *Faust I* dagegen besteht nicht aus fünf Akten, sondern aus 28 Szenen.

➤ S. 8 f., 12, 16, 20, 26, 38–42, 57–59, 62, 76